古文書演習

―様式と解釈―

柴辻　俊六
海老澤　衷　編
本郷　和人

続群書類従完成会

はじめに

日本歴史の基礎史料としての古文書への関心は年々高まっており、従来の大学の史学科における古文書学の講義のほか、各種の成人向けの教養講座でも古文書に関するものが多くなっている。古いものを正確に読み、理解していこうとの意欲が旺盛になってきたためと思われるが、古文書の後世への継承や保存といった観点からも、大変歓迎すべき状況かと思われる。

本書は主に大学での古文書演習のために使用しようと思い立って作成をはじめたものである。類似のものはすでにいくつかあるが、実際に授業で使用してみると、個々にはいろいろと問題があって、なかなか思うように使いこなせない一面がある。

その最大の難点は収録された文書がいずれも重文級のものであって、容易にその原本がみられないことである。さらに図版の精度にも問題がある。また、これまでのものは、中世以前の文書と近世文書とが別個に取り扱われており、その関連性がわかりにくくなっていることもある。

ところで最近では写真技術が格段に進歩し、精度の高い図版が作成されるようになったことで、写真版でも筆勢や筆順も読み取れるようになってきた。そのためこうした演習帳によって古文書への入門は果たせるが、さらに関心を深める場合、その原本が個人でも比較的簡単な手続きでみられることと、関連する文書や文献が容易に集められることが重要かと思われる。

本書では古文書への導入と関心とを深めていただくといった観点から、古代から近世までの代表的な文書様式をサンプル的に提示し、取り上げる人物もなるべく知名度の高いものにした。その上で、個々の文書について、まず特殊と思われる用語や語句・人名・地名ほかの注記を示し、まとめとしてその内容や背景を解説していく。最後にさらに関心を深めたい人のために、その文書に関する代表的な参考文献を示した。

ここでは文書解読に際しての凡例的な条項は省略させていただいたが、原則は本文どおりの文字表記を心がけている。しかし組版上、一行で収まらない一部のものについては、改行印（╲）を付して、送り組みにしたものがある。また、漢字は常用漢字を使用した。

さらに個々の文書名については様式を中心とした通例のものを採用している。

本書ではなるべく身近な文書を使用するといった方針から、主に早稲田大学文学部で長

年古文書学を担当し、その教材用として各種の原本文書を収集された故荻野三七彦先生が集められたものを中心に利用させていただいた。これは一括してその後、大学図書館に移管され、比較的容易な手続きで閲覧可能の状態になっている。併せて東京大学史料編纂所で各所の所蔵文書を撮影してきたものも、原所蔵者の承認を得た上で利用させていただいた。執筆分担は、奈良・平安期を本郷和人、鎌倉・南北朝・室町中期を海老澤衷、戦国・織豊・江戸期を柴辻俊六が担当した。

最後に早稲田大学図書館・東京大学史料編纂所をはじめとして、所蔵文書の図版使用をご許可戴いた各位・各所に対して、改めてこの場をお借りして謝辞を申し述べるとともに、煩雑な本書の編集・出版をお引き受けいただいた続群書類従完成会に対しても、編者一同厚く御礼を申しあげる次第である。

平成十五年三月十日

編　者

目次

はじめに……1

			（写真版）	（解読・解説）
［奈良・平安期］				
一	左京職移（竪紙）	天平感宝元年（七四九）六月十日	1	1
二	奴婢見来帳（竪紙）	天平勝宝二年（七五〇）九月五日	2	1
三	相模国司牒（竪紙）	天平勝宝七年（七五五）十一月十三日	3	2
四	大和国添上郡司解（続紙）	延暦八年（七八九）二月四日	4	2
五	東大寺三綱牒（竪紙）	延暦十五年（七九六）八月二日	6	3
六	僧智兼封戸代米請文（切紙）	天喜四年（一〇五六）三月二日	7	3
七	東大寺封戸代米返抄（切紙）	天喜四年（一〇五六）五月二日	8	3
八	興福寺別当玄覚御教書（竪紙）	大治元年（一一二六）正月廿七日	9	4
九	官省符荘住人等解状（続紙）	大治四年（一一二九）正月十九日	10	4
一〇	藤原友次領地相博状（竪紙）	大治五年（一一三〇）六月十二日	13	5
一一	民部省符（竪紙）	長承二年（一一三三）八月廿二日	14	5
一二	近江国司庁宣（竪紙）	長承二年（一一三三）十一月廿二日	15	5
一三	鳥羽院庁下文（続紙）	保延四年（一一三八）十一月十六日	16	6
一四	沙弥慶清戒牒（続紙）	康治二年（一一四三）十一月三十日	18	6
一五	美福門院令旨（続紙）	平治元年（一一五九）八月三日	21	7
一六	太政官符（竪紙）	永暦元年（一一六〇）五月七日	22	8
一七	太政官牒（竪紙）	永暦元年（一一六〇）十月十七日	23	8
［鎌倉期］				
一八	源頼朝寄進状（竪紙）	寿永二年（一一八三）二月廿七日	24	8
一九	後鳥羽天皇宣旨（竪紙）	文治二年（一一八六）四月廿五日	25	9
二〇	六波羅施行状（竪紙）	貞応二年（一二二三）九月廿二日	26	9
二一	関東御教書（竪紙）	寛元二年（一二四四）十月廿六日	27	10
二二	北条時宗下文（竪紙）	文永三年（一二六六）五月二日	28	10
二三	関東下知状（三紙続紙）	弘安十年（一二八七）四月十九日	29	10
二四	信濃国太田荘雑掌道念和与状（竪紙）	永仁三年（一二九五）三月廿五日	32	11
二五	某女院置文（竪紙・礼紙欠）	（年月日未詳）	33	12
二六	藤原氏家地売券（手継文書）	嘉元二年（一三〇四）十月十一日	34	12
二七	友山志偲度牒（版刻）	正和二年（一三一三）四月八日	35	13
二八	鎮西探題下知状（竪紙）	正和二年（一三一三）七月二日	36	13

【南北朝・室町中期】
二九　後醍醐天皇綸旨（宿紙）　建武二年（一三三五）六月廿七日……37　13
三〇　足利直義軍勢催促状（竪紙）　建武三年（一三三六）四月十三日……38　14
三一　高師直施行状（竪紙）　貞和五年（一三四九）八月廿八日……39　14
三二　足利尊氏禁制（竪紙）　観応三年（一三五二）六月廿四日……40　14
三三　金子信泰譲状（竪紙）　文和三年（一三五四）閏十月九日……41　14
三四　島津佐忠代田村忠長着到軍忠状（竪紙）　応安元年（一三六八）九月　日……42　15
三五　後光厳上皇院宣（宿紙）　（応安五年ヵ）（一三七二）十二月廿四日……43　15
三六　今川了俊遵行状（竪紙）　永和三年（一三七七）三月十日……44　15
三七　河野通義寄進状（竪紙）　明徳二年（一三九一）八月廿三日……45　16
三八　足利義満御判御教書（竪紙）　応永十四年（一四〇七）四月廿三日……46　16
三九　細川頼之自筆書状（竪紙）　（年未詳）十一月六日……47　16
四〇　室町幕府下知状（竪紙）　嘉吉元年（一四四一）十月十三日……48　16
四一　室町幕府奉行人連署下知状（竪紙）　文安元年（一四四四）九月十日……49　17
四二　道興准后代官職補任状（竪紙）　文明十三年（一四八一）正月晦日……50　17
四三　久我家雑掌売券（竪紙）　明応五年（一四九六）十二月五日……51　17

【戦国・織豊期】
四四　後柏原天皇綸旨（宿紙）　永正七年（一五一〇）十月廿七日……52　18
四五　伊達稙宗書状（切紙）　（大永元年ヵ）（一五二一）九月十八日……53　18
四六　菊池重治加冠状（竪紙）　大永四年（一五二四）正月廿日……54　18
四七　近衛稙家申文（竪紙）　天文九年（一五四〇）三月廿二日……55　18
四八　毛利元就・隆元連署感状（横切紙）　天文廿三年（一五五四）六月十一日……56　19
四九　今川義元判物（知行宛行）（竪紙）　永禄元年（一五五八）七月四日……57　19
五〇　武田氏伝馬手形（竪切紙）　永禄十年（一五六七）五月十四日……58　19
五一　織田信長制札（木製高札）　永禄十一年（一五六八）九月　日……59　20
五二　北条氏裁許朱印状（竪紙）　天正五年（一五七七）三月十日……60　20
五三　佐竹義重血判誓詞（牛王宝印紙裏）　天正七年（一五七九）八月五日……61　21
五四　上杉景勝印判状（社領寄進）（竪紙）　天正十年（一五八二）十一月廿日……62　21
五五　豊臣秀吉法度（大高檀紙）　天正十六年（一五八八）七月八日……63　21
五六　醍醐寺義演自筆願文（竪紙）　慶長三年（一五九八）七月六日……64　22
五七　徳川家康直書（元折紙）　（慶長五年）（一六〇〇）九月十九日……65　22

【江戸期】
五八　徳川秀忠朱印状（蝦夷交易定）（大高檀紙）　元和三年（一六一七）十二月十六日……66　23

五九　鍋島勝茂軍役帳（竪帳袋綴一冊）　元和九年（一六二三）十月十五日…………67
六〇　下総国山崎村年貢割付状（続紙）　慶安四年（一六五一）九月廿八日…………68
六一　江戸幕府老中連署状（折紙二紙）　（承応二年）（一六五三）六月廿七日…………70
六二　甲斐国小林村宗門改帳（竪帳一冊）　寛文六年（一六六六）十一月…………71
六三　美濃国下西郷村検地帳（竪帳袋綴一冊）　延宝八年（一六八〇）八月…………72
六四　人身売買禁止高札（木札拓本）　元禄十一年（一六九八）三月…………73
六五　伊勢国朱印状〔領地安堵〕（竪紙）　宝永元年（一七〇四）六月　日…………74
六六　伊達吉村新田畑名寄帳（竪帳二冊）　享保二十年（一七三五）三月…………75
六七　長兵衛離縁状（切紙）　文化二年（一八〇五）七月　日…………76
六八　人別送り状（竪紙）　天保十三年（一八四二）五月…………77
六九　上野国下久方村五人組帳前書（竪帳二冊）　慶応二年（一八六六）四月…………78
七〇　甲斐国上笹尾村小前訴状（続紙）　慶応四年（一八六八）八月三日…………79

文書様式用語索引………………………………29

あとがき………………………………31

〔表紙図版〕足利尊氏自筆御内書（柴辻所蔵）

— 5 —

一 左京職移（竪紙）

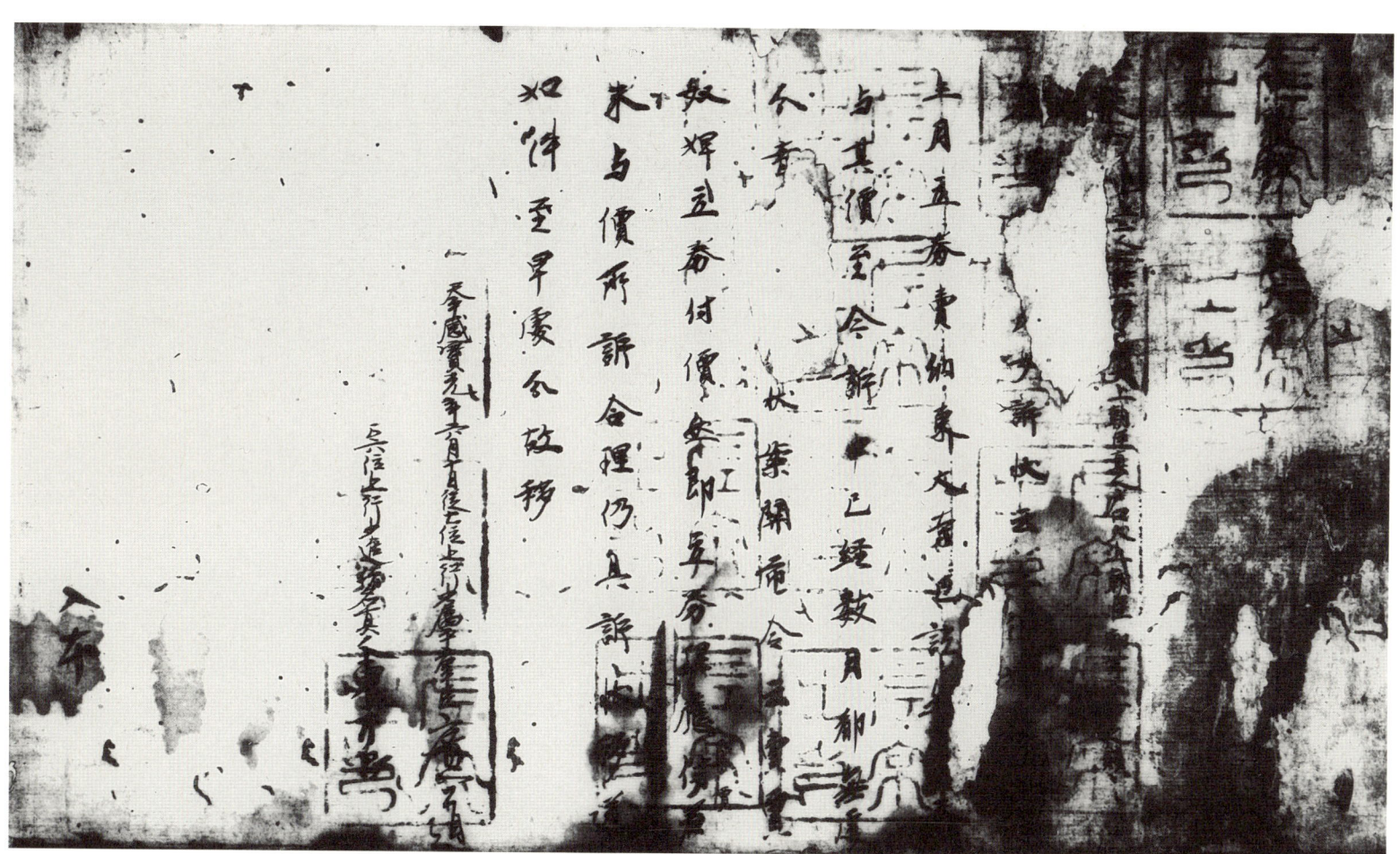

二 奴婢見来帳（竪紙）

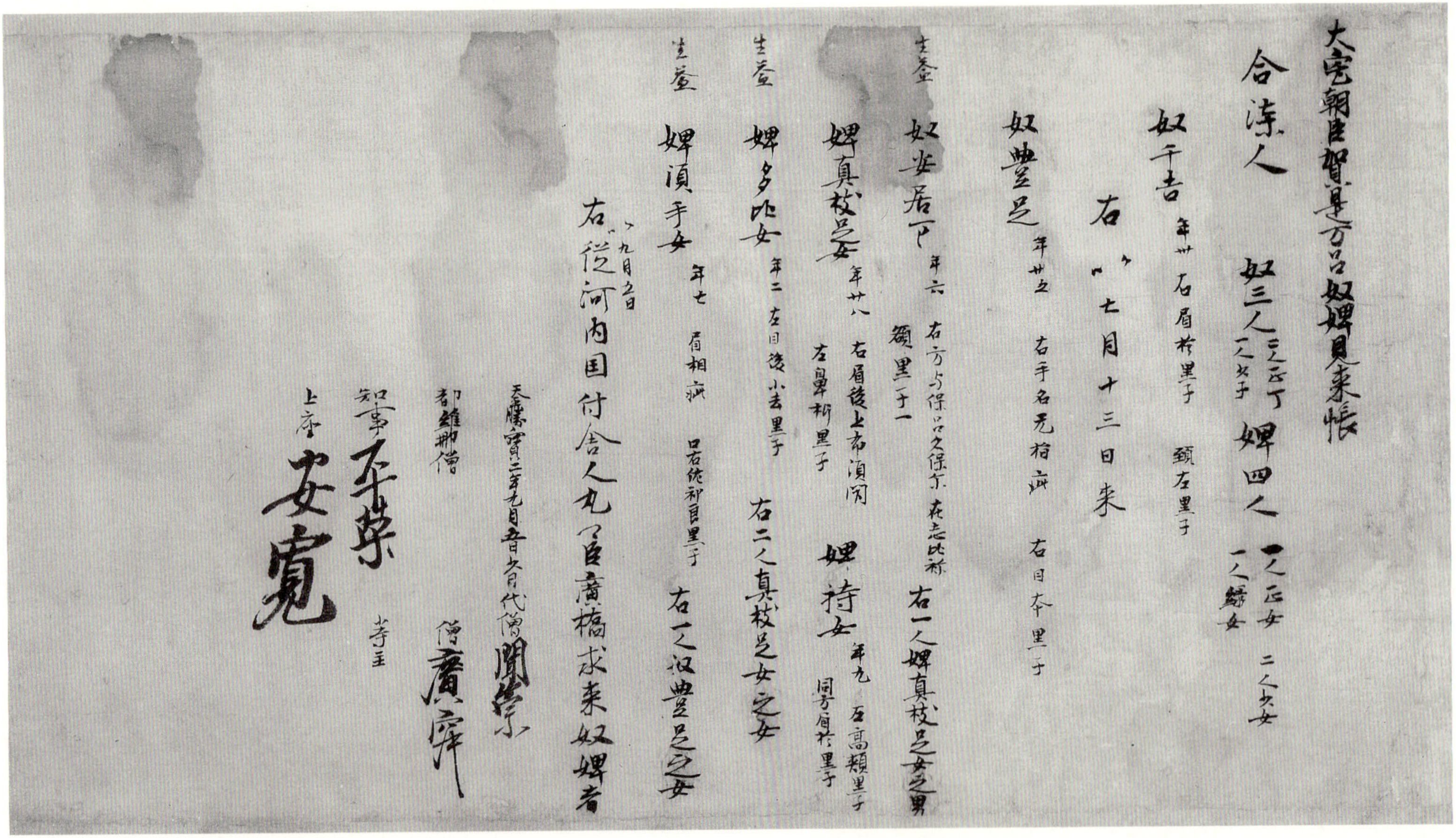

大寺朝臣賀果方呂奴婢見来帳

合漆人 奴三人三正丁 婢四人 二之正女 二人六女
　　　　　　　　　　　　　　　　　一人婦女

奴千吉 年卅 右眉斜黒子 頸左黒子

右、七月十三日来

奴豊足 年廿三 右手兀拾疲 右目本黒子

生娈 奴安居己 年六 右方与保乃久保尓 老志比祢
　　　　　　　額黒子一

生娈 婢真枚足女 年廿六 右眉後上帝須閇
　　　　　　　左鼻柳黒子 婢持女 年九 右高頬黒子
　　　　　　　　　　　　　 同方傾挾黒子 右一人婢真枚足女之男

生娈 婢多吒女 年三 左目後小去黒子 右二人真枚足女之女

生娈 婢須手女 年七 眉相減 口右縦祁目黒子 右一人汶豊足之女

右從河内国付舎人丸 百斎橋求来奴婢者

天勝寶二年九月廿日代僧閑崇
　　　　　　　　 都維那僧 斉釆
　　　　　　　 知事 不荣
　　　　　　　　 上座 安寛

三 相模国司牒（竪紙）

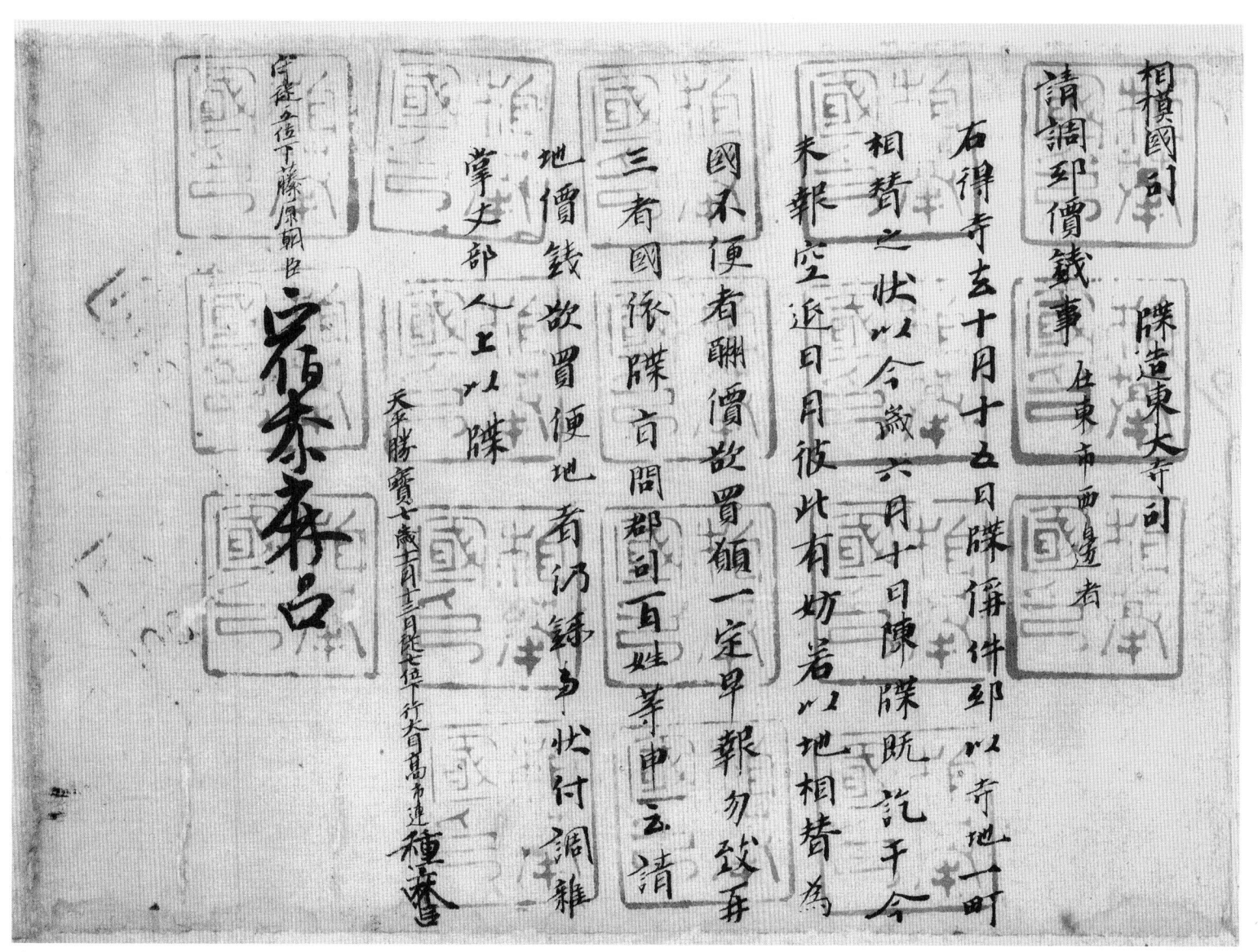

相模國司　牒造東大寺司

牒　在東市西邊者

請調卻價錢事

右得寺去十月十五日牒偁件卽以寺地一町

相替之狀以今歲六月十日陳牒旣訖于今

未報空近日月彼此有妨若以地相替為

國不便者聊價故買頓一定早報勿致弃

三者國張牒問郡司百姓等申云請

地價錢故買便地者污錄专状付調雜

掌夫部人上以牒

守從五位下藤原朝臣　宿奈麻呂

天平勝寶七歲十月二十三日從七位下行大目高市連種麻呂

四 大和国添上郡司解

添上郡司解　申売買家立券文事

家壹區地肆段伯歩　東限大春日朝臣難波麻呂家中垣　南限中道
　　　　　　　　　西限大春日朝臣難波麻呂家中垣　北佰姓口分田
在物
　檜皮葺板敷屋弐宇　各五間　在東辰　草葺椽一宇
　板屋三宇　二各五間　一三間敷屋　門屋一基　在艮巽曰錦

右得右京六條三坊戸主從七位上勳八等尋東津首
月之解状偁己家定價直錢壹拾貮文賣与
右京五條一坊戸主正六位上小治田朝臣豊人戸同姓
楮麻呂己畢望請欲依式立券者郡依辞状勘問
知實仍勒賣買兩人署名申送如件以解

　　　　　天暦乙亥十二月廿三日
　　　買人小治田朝臣福麻呂
　　相知男兵部位子元位尋来津首□□
　　賣人散位從位上勳八等尋来津首自牒呂
　　相知貫附散國尋従五位下　浅井王
　　内堅元位稲城王
　　无位　並城王

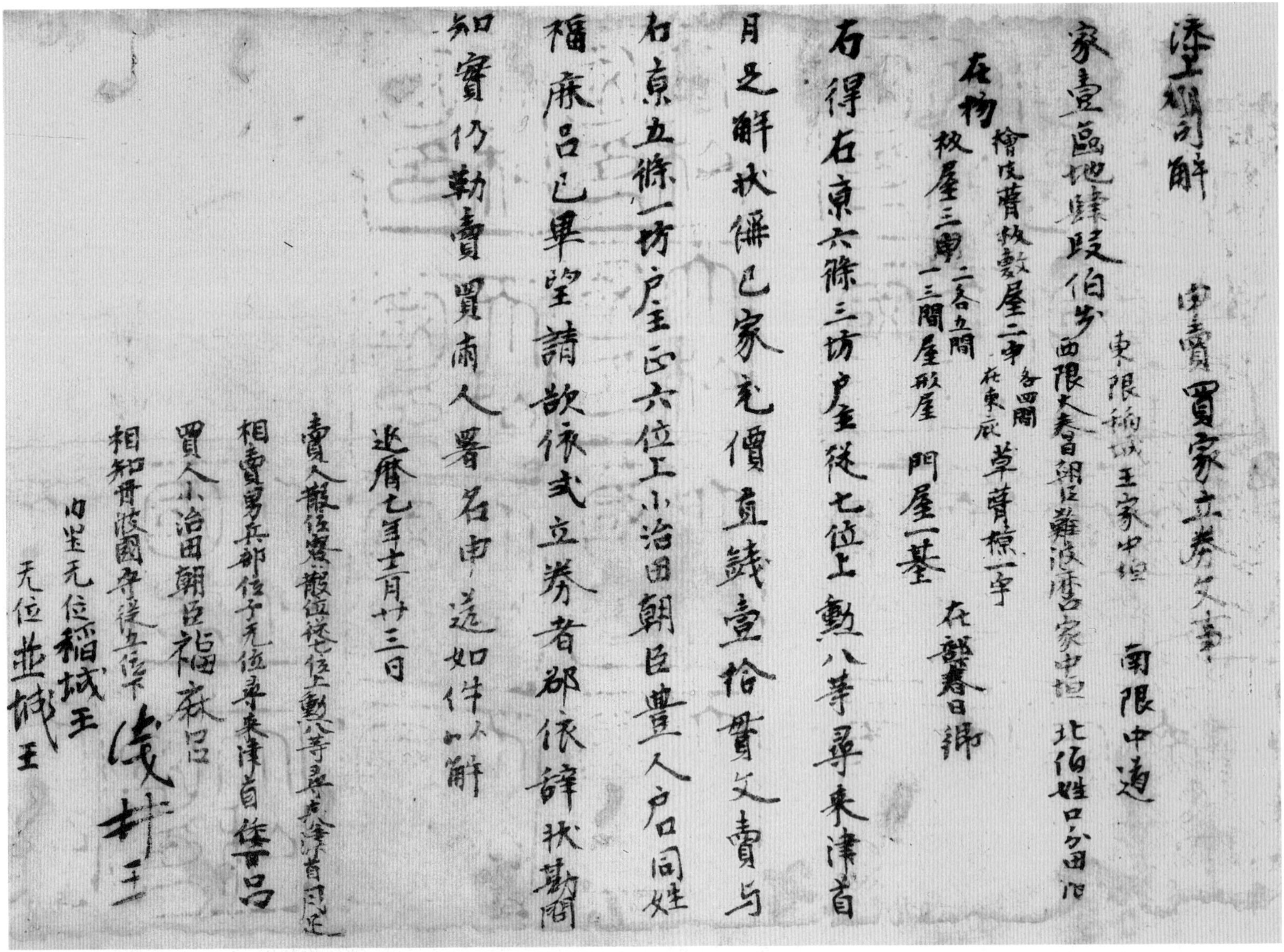

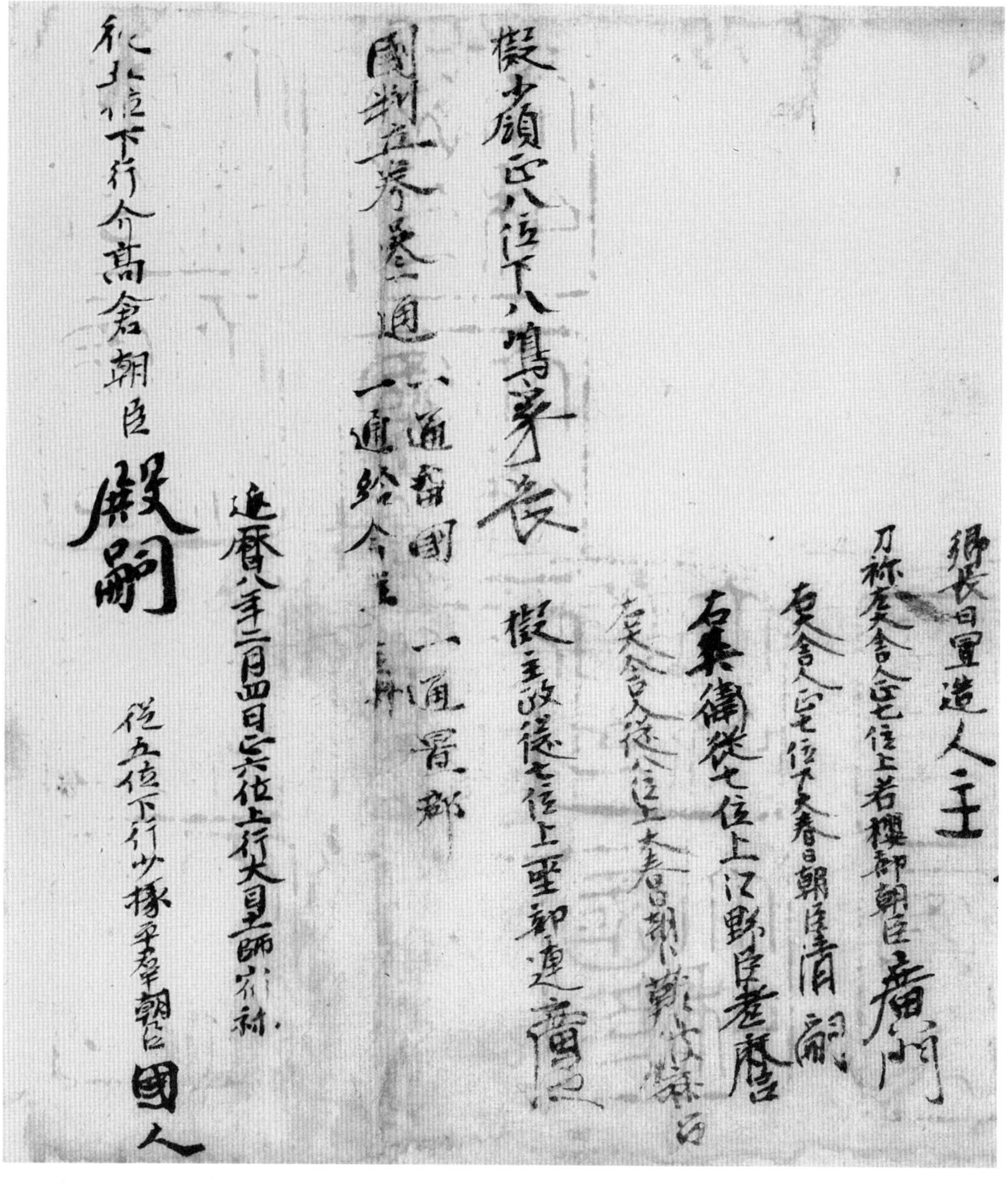

擬少領正八位下八嶋宿祢長

擬主政従七位上里刻連廣志

擬主帳従八位上江野臣老麿

右蓑編従七位上大春日朝臣藝麻呂

文舎人従八位上大春日朝臣清麿

文舎人従八位上大春日朝臣廣麿

刀祢大舎人従七位上若櫻部朝臣廣門

郷長日置造人之王

國判立春墨二通一通番國一通骨郡

擬少領氏運下人鳴宰長

一通給今哥

擬主政従七位上里刻連廣志

延暦八年二月四日六位上行大目師宿祢

従五位下行少掾平朝臣國人

從五位下行介高倉朝臣殿嗣

五 東大寺三綱牒（竪紙）

一經牒　造寺所
請東市屋參拾枚
以件爲
所請如前仰上件以牒
誠勸其地
正曆十五年八月廿日代慈主

上座寳忠
寺主洪楫
阿信洞泰
阿信勝賢

依請放亮罷
緇侶道巖
僧康智澄

都維那
少寺主
少寺主伍淨
少都
少都慶居
少都慶文師

吳僧三枚
欠練二枚

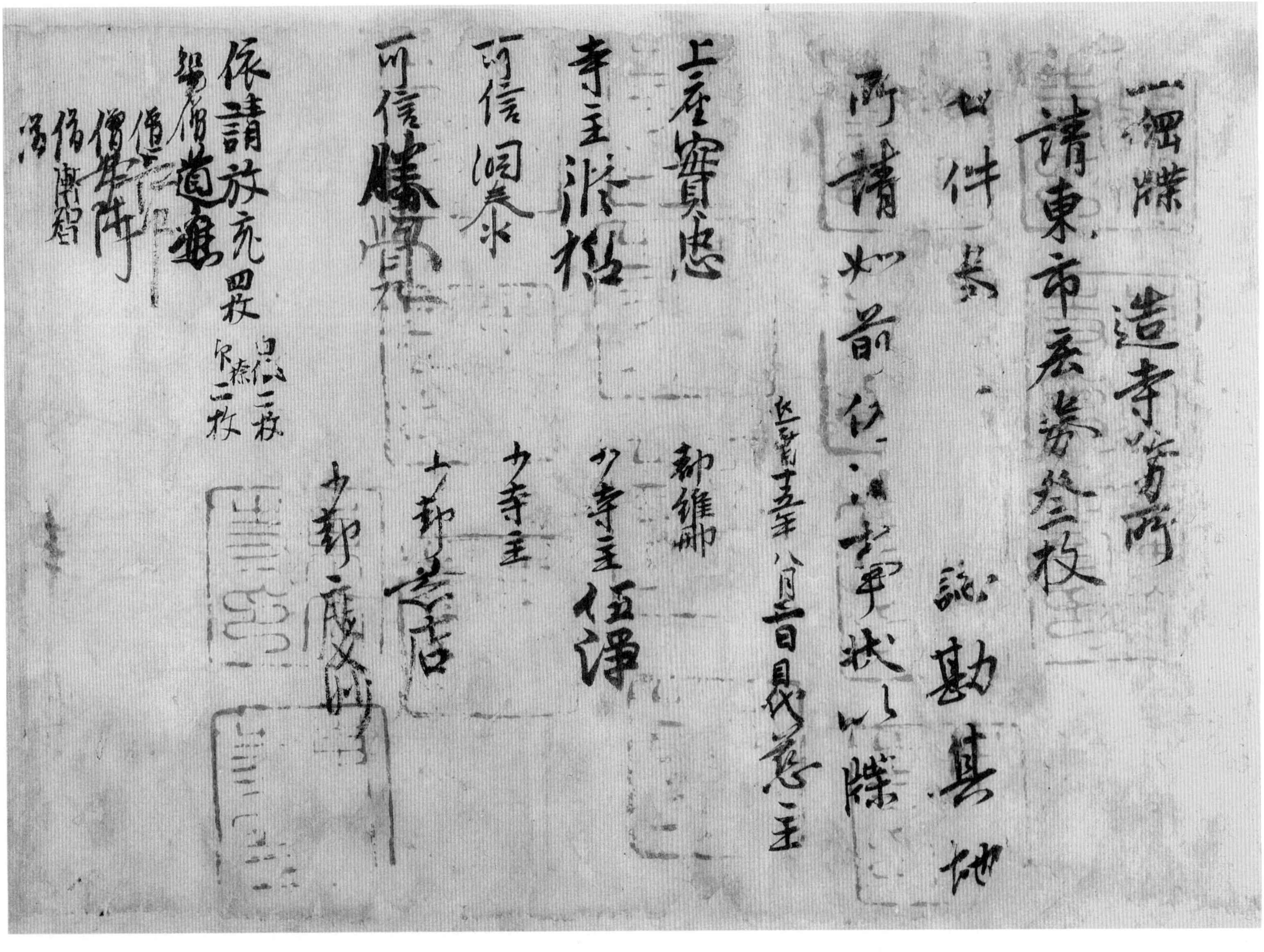

六 僧智兼封戸代米請文（切紙）

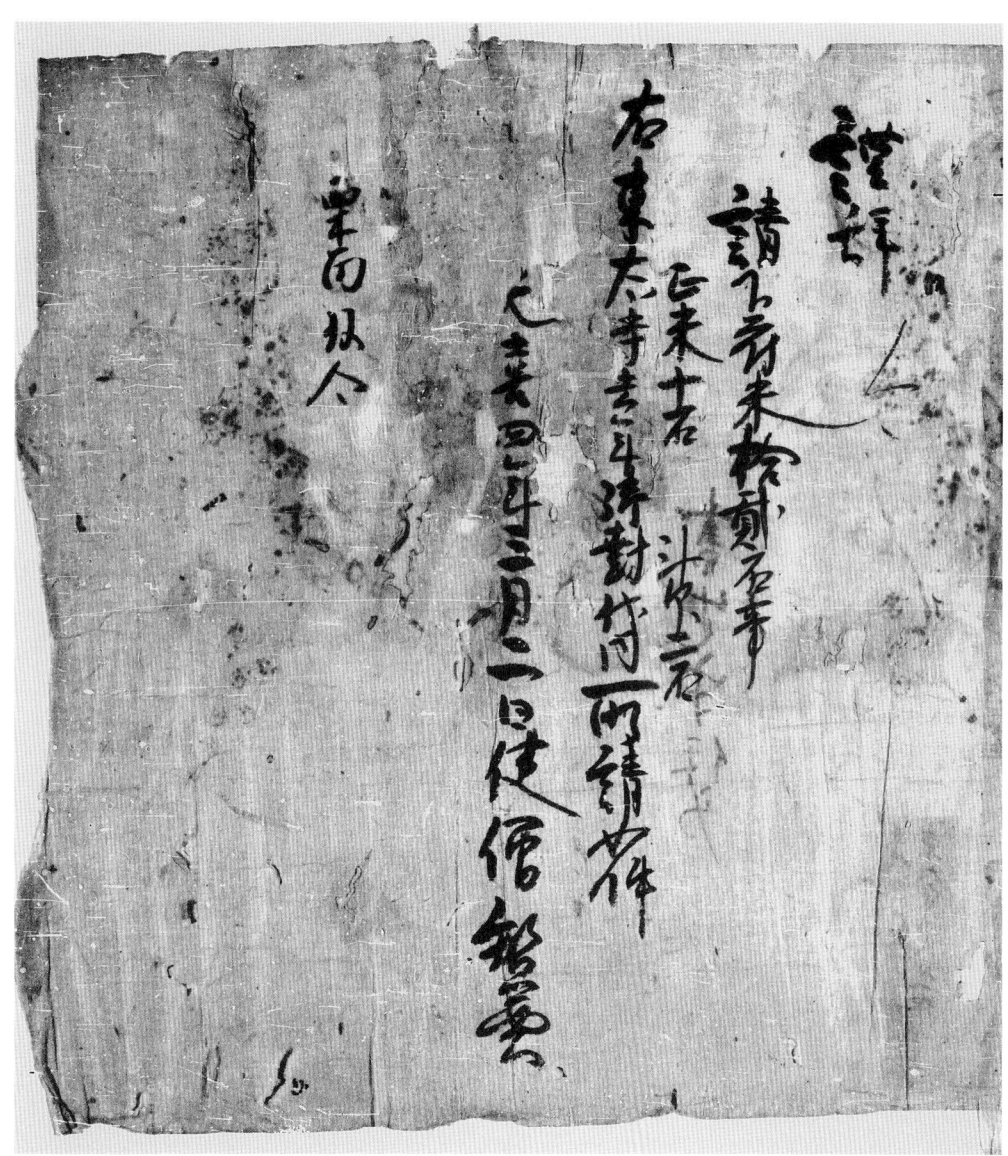

七 東大寺封戸代米返抄（切紙）

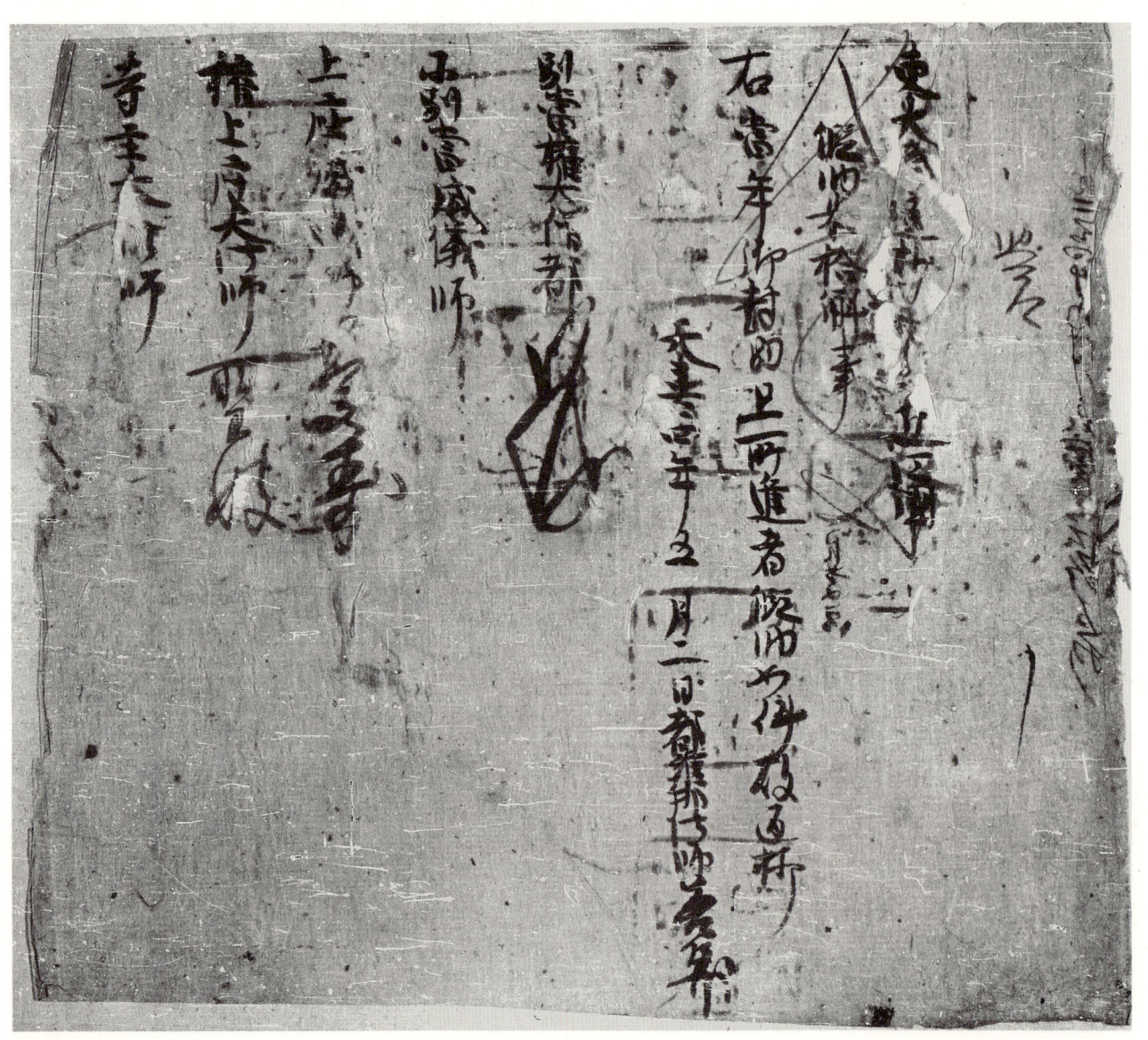

八 興福寺別当玄覚御教書（竪紙）

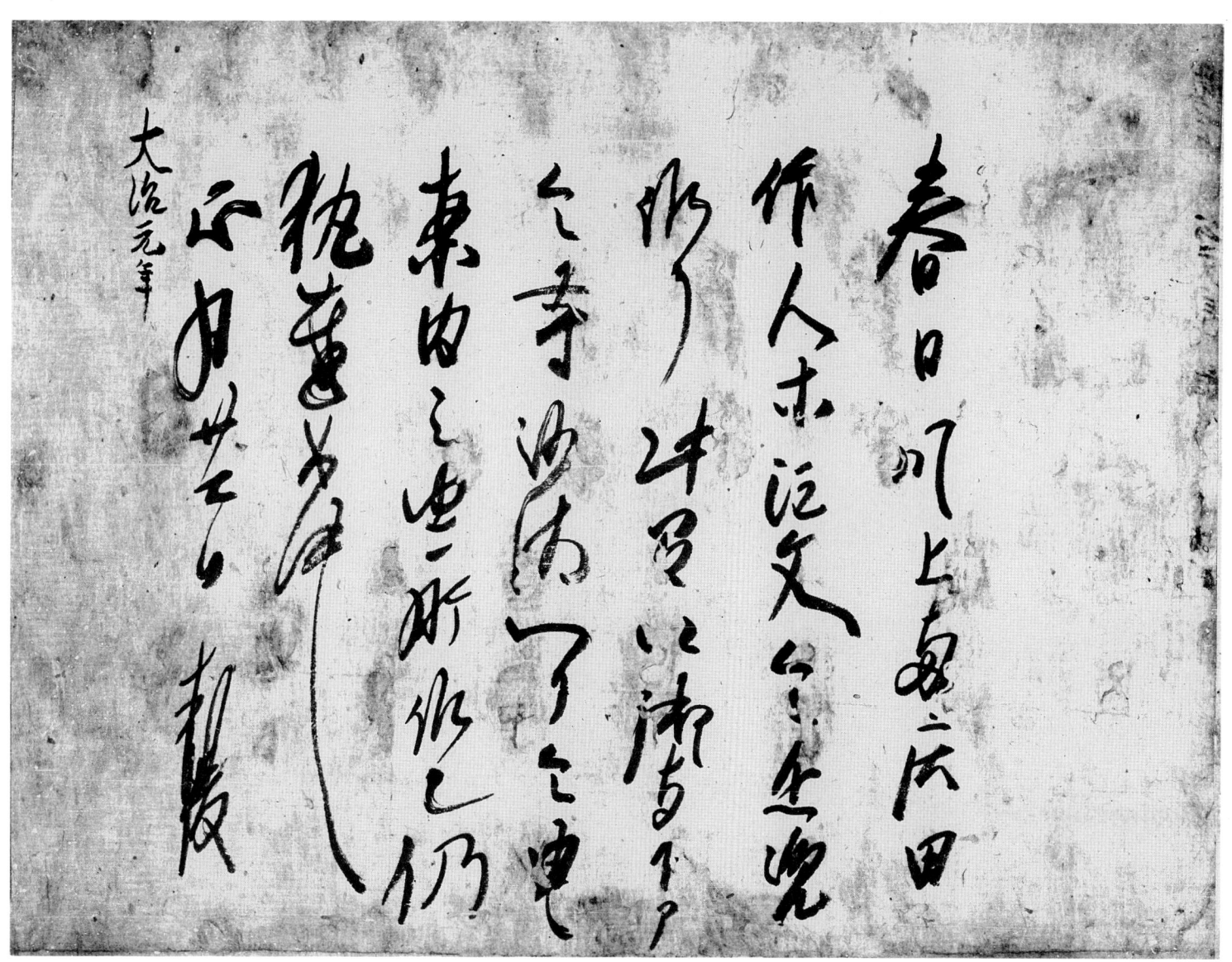

九　官省符荘住人等解状（続紙）

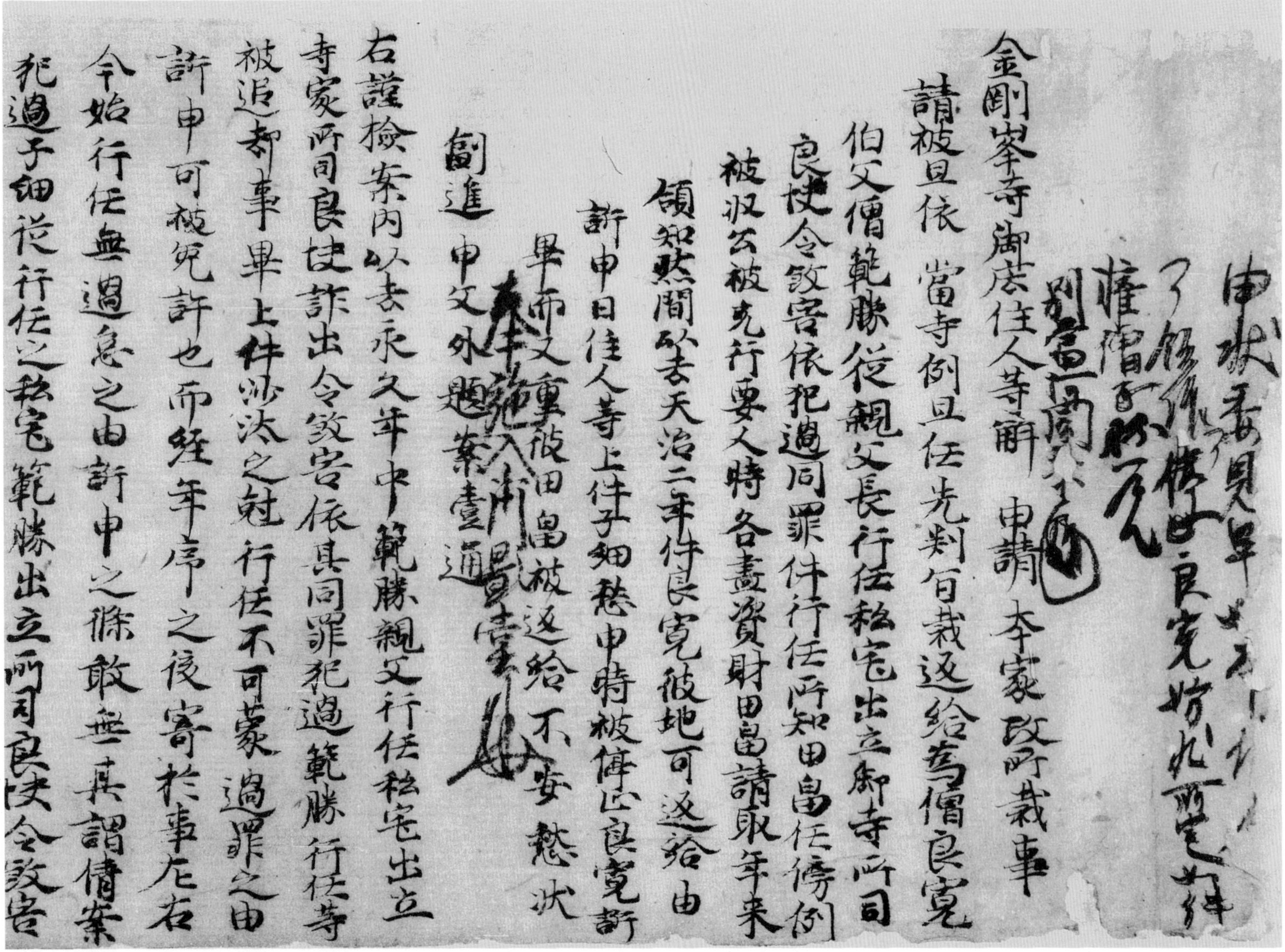

金剛峯寺御庄住人等解　申請　本家裁事
請被旦依當寺例旦伍先判旨裁返給為僧良寛
伯父僧範勝従親父長行伍所知田畠任傍例
良使令致害依犯過同罪件行伍私宅所司
被収公被充行要人特各盡貲財取年来
領掌然間於去天治二年件長寛彼地可返給由
辨申日住人寺上住子細愁申特被傅正良寛斷
　　　　　　　　　　　　　　　　　　　　　　　本縦入所畠被返給不安愁状
　　　
　　　勸進　申文外題案壹通
右謹檢案内以去永久年中範勝親父行伍私宅出立
寺家所司良使訴出令致害依具同罪犯過範勝行伍等
被追却事畢上件沙汰之冠行伍不可蒙過罪之由
辞申可被宛許也而経年序之後寄於事左右
令始行伍無過怠之條敢無其詞情業
犯過子細従行伍之私宅範勝出立所司良使令致害

輩者重犯之中家重過之者行仗也他人之罪過
不被准者也前車破者後車慎也早蔦自今以後
良寛先道之新被令俺正伝道理被裁返給者怖
作正理明特之嚴百仍注在次　言如件以解

大治四年四月十九日大中臣武助

年預入判獣云

前衙覚進

権都維那信　維那覚

　　　　　坂上行光

　　　　　坂上時吃

　　　　　　信勢心

権寺主行師信算祗

　　　　　坂上文房

上座大法師俺良俊

　　　　　勝里

　　　　　守末

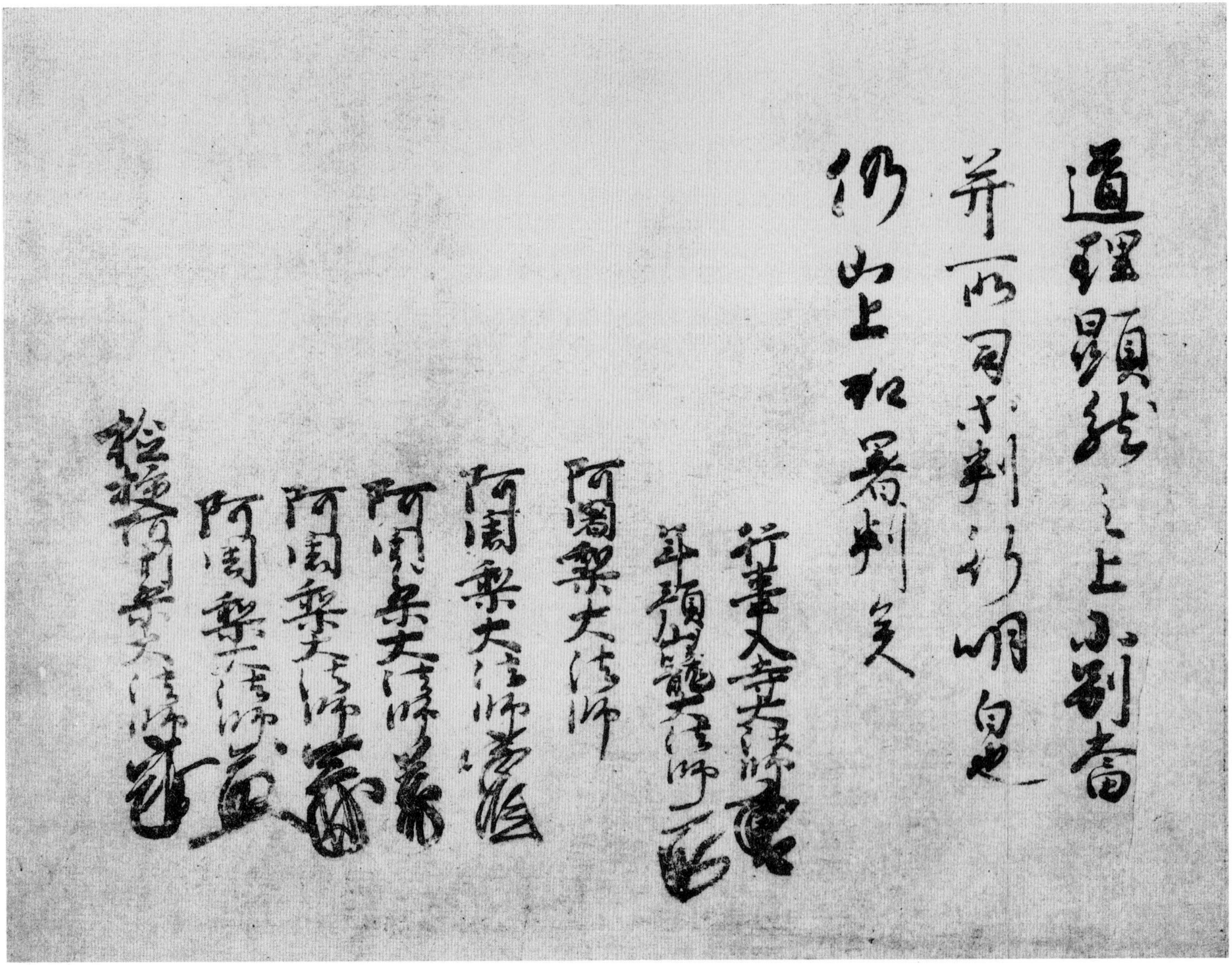

道理顕然之上加判畢
并西司々判訖明日
仍此加署判文

行事又幸大法師□
年頭加籠大法師□

阿闍梨大法師□
阿闍梨大法師□
阿闍梨大法師□
阿闍梨大法師□
検校阿闍梨大法師□

一〇　藤原友次領地相博状（竪紙）

奉　相博領地壹處參町

合壹戸主東西拾貳丈壹尺
　在左京五條三坊壹町西三行北四五門内
　而北對文壹丈參尺

右件地去歳信藤原友次今沙汰婦人故元慶
代夫子所令傳領也而信濃守藤原朝臣
　地貳仕所壹戸主東西五丈而北參丈壹尺自六条
坊門南自姉小路比自猪熊東
臺所貳處伍丈南二階丈坤尺經久而北参丈漆尺各今
相劔卒六鈴夢一所長六桐博也仍追新券文以如件

　　土佐從軍潤月拾貳日散位友□

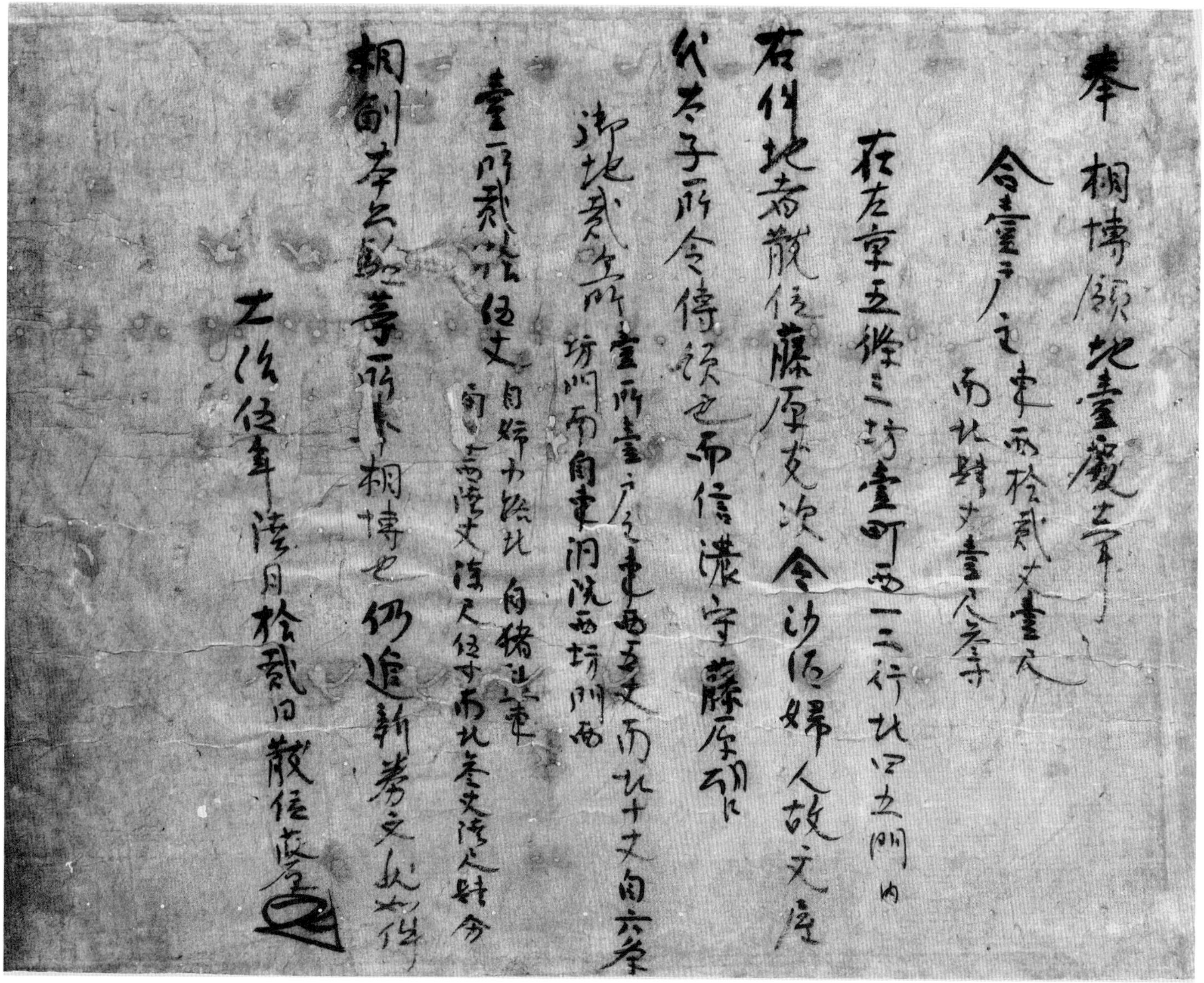

一 民部省符（竪紙）

民部省符　若狭国司

應奉免金剛峯寺御封陸拾伍烟

右被太政官去正月廿九日符偁右大臣宣奉
勅割太上
天皇御封百十三烟内施入彼寺者所奉免者宜兼知
依件行之符到奉行

　　頭左中辨藤原朝臣（花押）　正六位上行少録中原朝臣（花押）

　　　　　　　　　　　　　　　長承二年八月廿二日

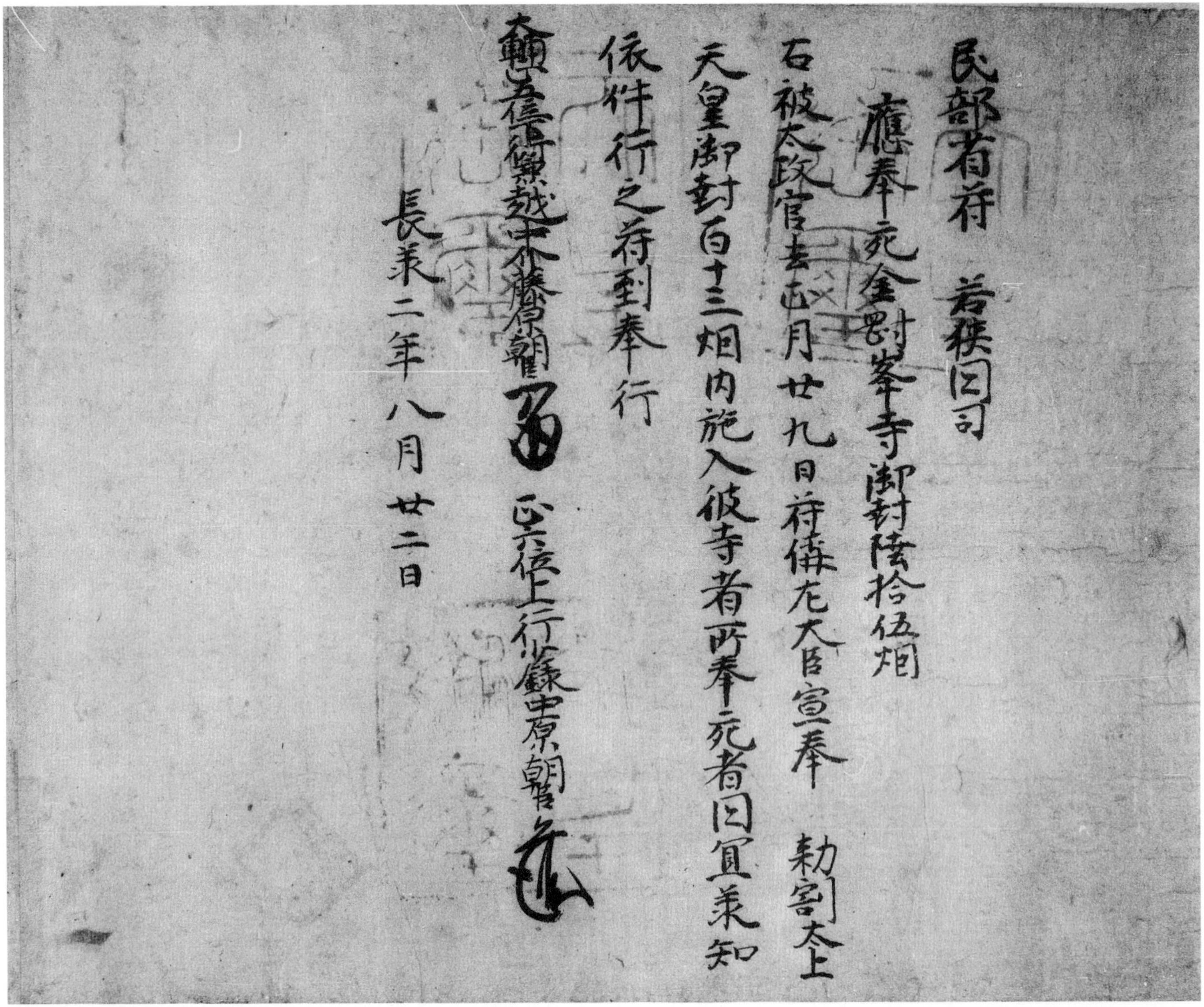

一二　近江国司庁宣（竪紙）

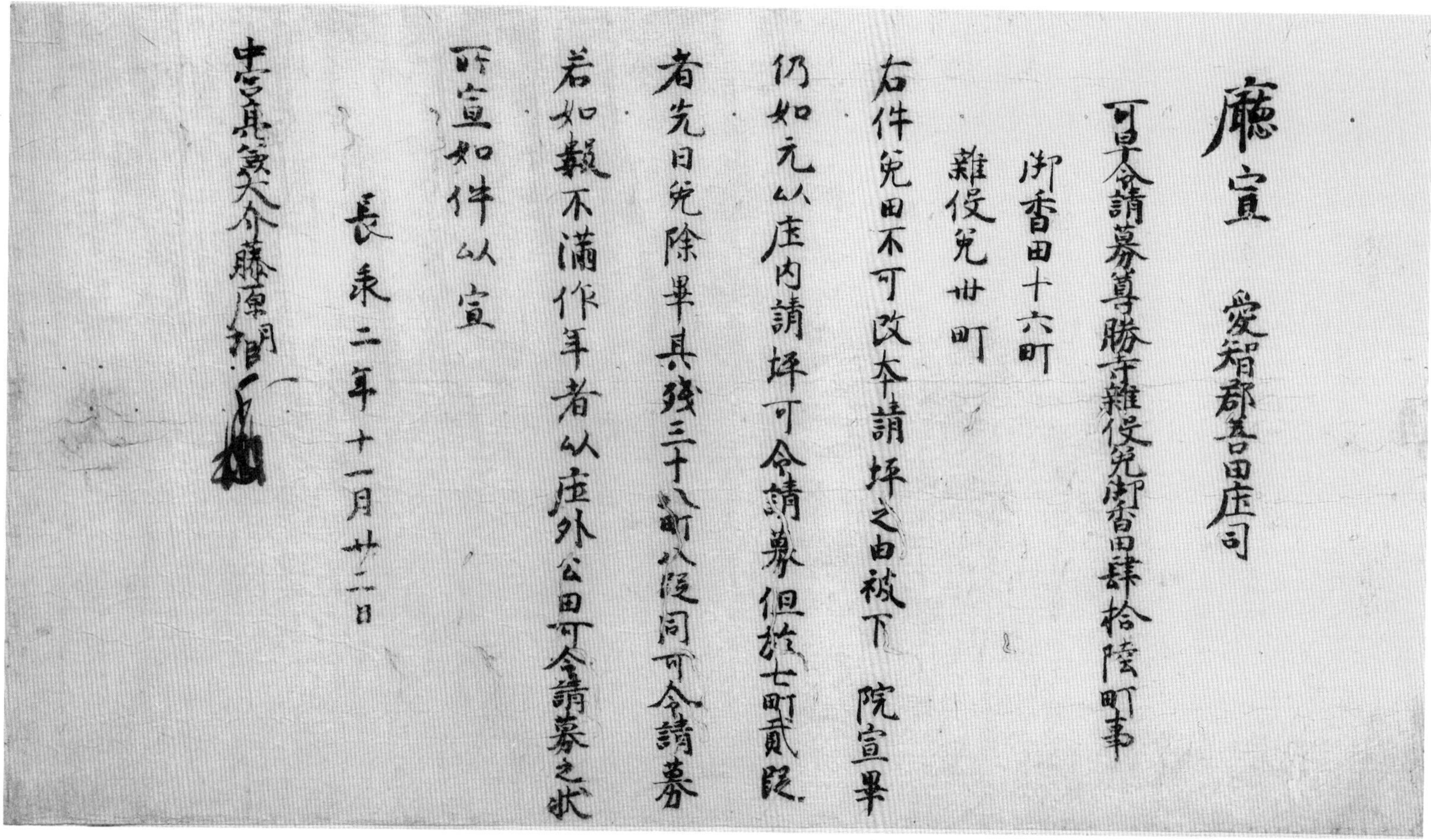

廳宣　愛智郡蓓田庄司

可旦令請募尊勝寺雜役免御香田肆拾陸町事

　御香田十六町
　雜役免卅町

右件免田不可改本請坪之由被下　院宣畢
仍如元以庄内請坪可令請募但於七町貳段
者先日除畢其残三十八町八段同可令請募
若如頼不滿作年者以庄外公田可令請募之状
所宣如件以宣

　長承二年十一月廿二日

中宮亮兼大介藤原朝臣

一三 鳥羽院庁下文（続紙）

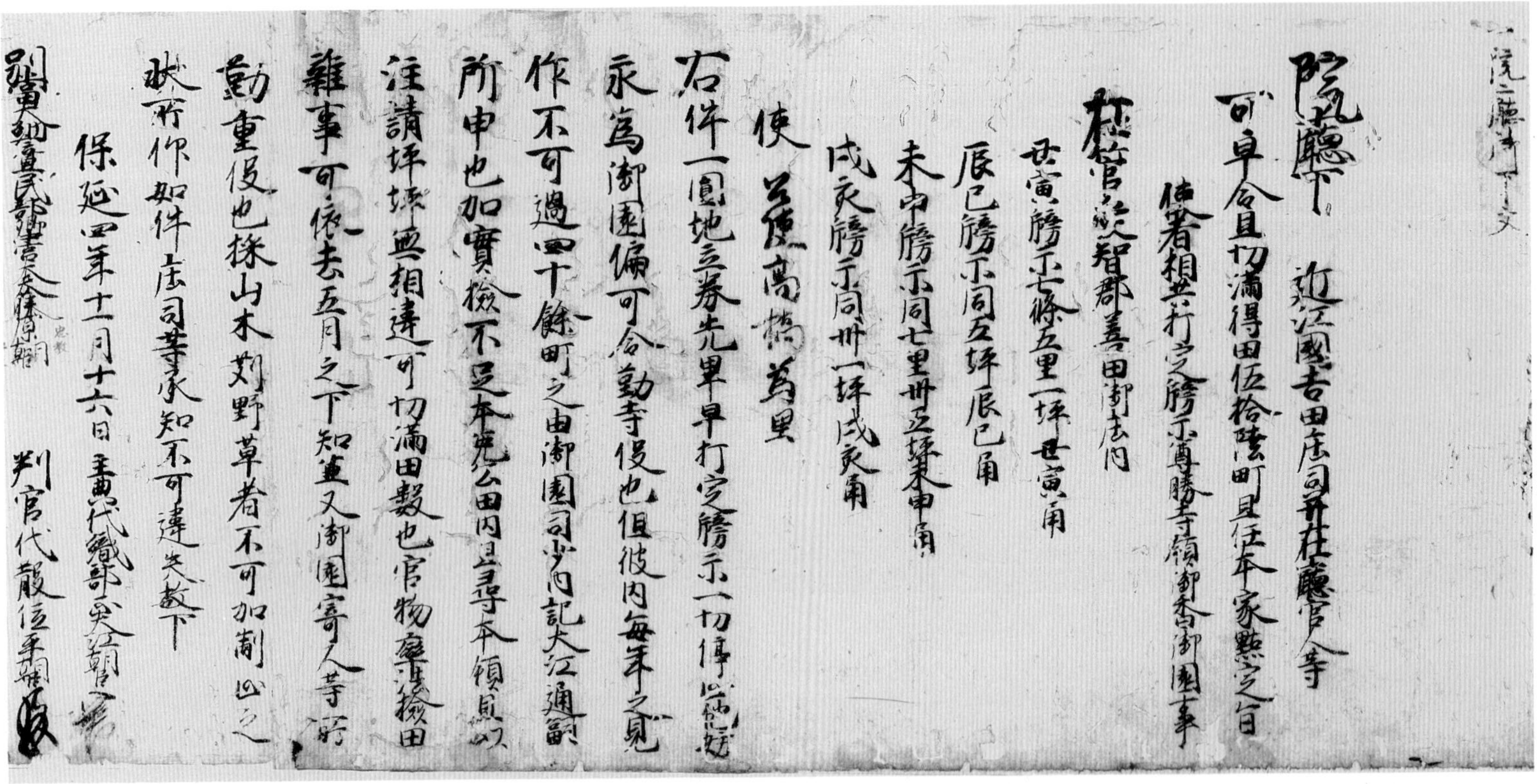

院庁下　近江國吉田庄司并住藤官人等
　可早令且切滿得田伍拾陸町且任本家勘之旨
　　俸者相並任行之勝光蓮寺領御香御園事
　摠官苻智郡吉田郷法門
　　　　　　丑寅勝三七條五里一坪世寅角
　　　　　　辰巳勝丁同五坪辰巳角
　　　　　　未申勝丁同七里卅五坪未申角
　　　　　　戌亥勝丁同卅一坪戌亥角
　　　　使　藤高橋為里
　右件一圓地之券先里早打受勝示一切傳以縮妙
　永爲御園偏可令勤寺俟也但彼内毎年之見
　作不可過四十餘町之由御園司少内記大江通範
　所申也加實檢不足本兇公田内且尋本領員以
　注請坪坪無相違可切滿田穀也官物雜檢田
　雜事可依去五月之下知重又御園寄人等執
　勤重俟也抑山木刈野草者不可加削凶之
　状所仰如件以宣承知不可違失敢下
　　保延四年十一月十六日　主藏代藏部突朝臣
　別當大納言民部卿藤原朝臣
　　　　　　　　　　　　判官代散位平朝臣

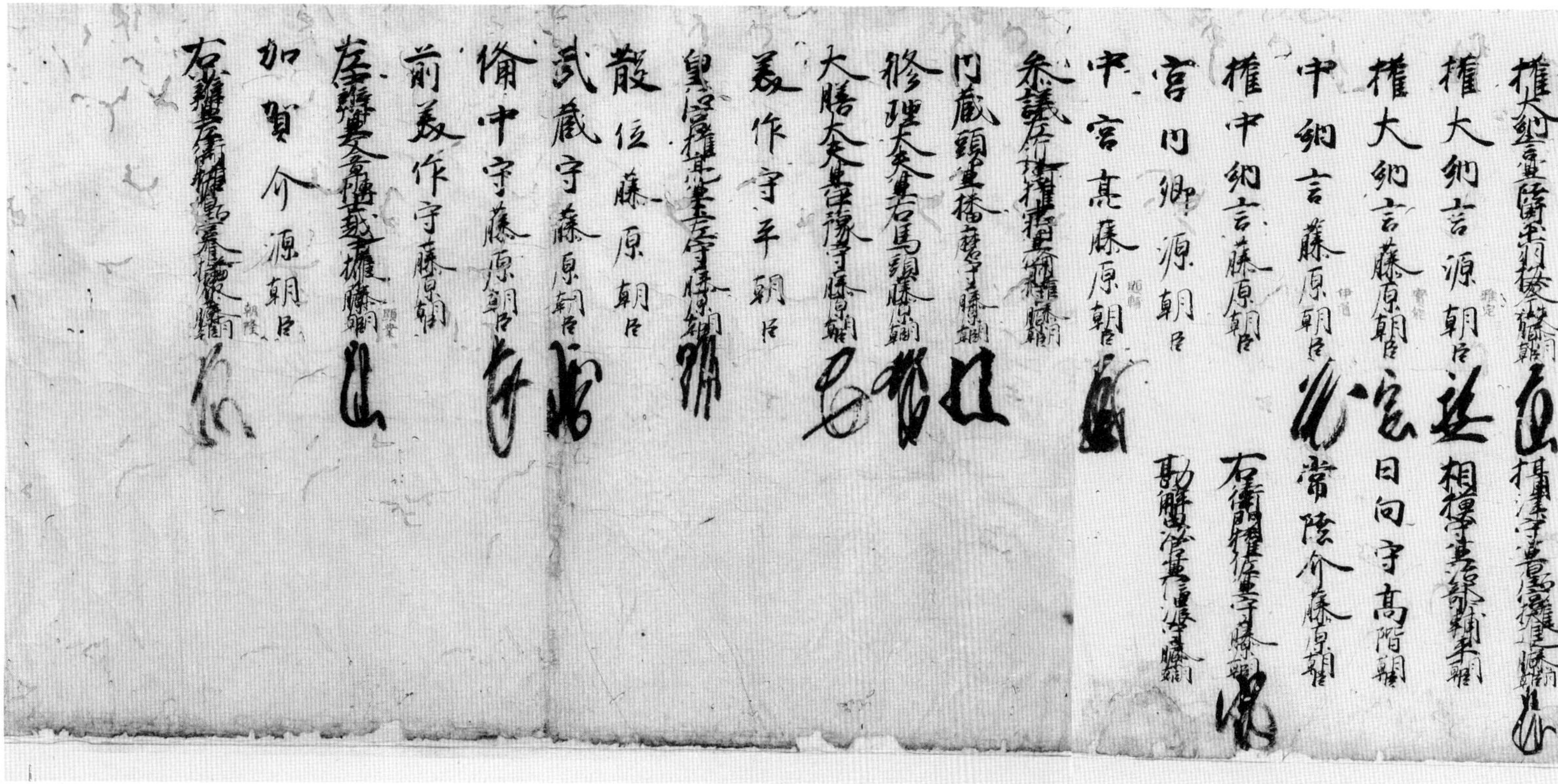

権大納言兼皇后宮権大夫源朝臣（花押）
権大納言源朝臣（花押）
権大納言藤原朝臣（花押）
中納言藤原朝臣（花押）
権中納言藤原朝臣（花押）
亨門郷源朝臣（花押）
中宮亮藤原朝臣（花押）
参議左衛門権中将藤原朝臣（花押）
大膳大夫兼伊予守藤原朝臣（花押）
修理大夫兼右馬頭藤原朝臣（花押）
門蔵頭兼播磨守藤原朝臣（花押）
皇后宮権亮兼三河守藤原朝臣（花押）
散位藤原朝臣（花押）
武蔵守藤原朝臣（花押）
備中守藤原朝臣（花押）
前美作守藤原朝臣（花押）
美作守平朝臣（花押）
加賀介源朝臣（花押）
右雑筆文章院兼越前権少進藤原（花押）

一四 沙弥慶清戒牒（続紙）

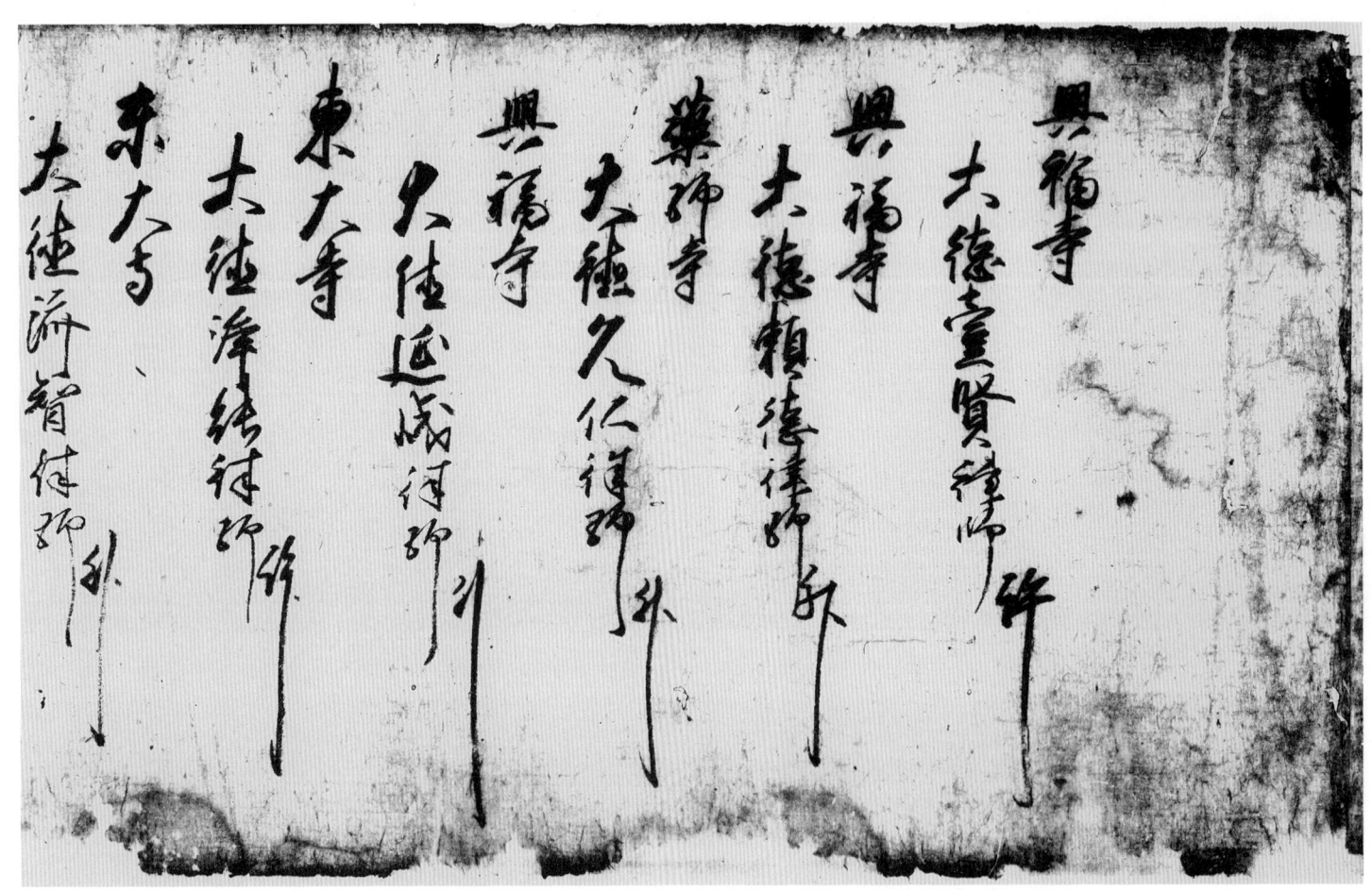

興福寺
大徳壹賢律師 許
興福寺
大徳頼徳律師 許
薬師寺
大徳久仁律師 許
興福寺
大徳延成律師 許
東大寺
大徳浄緣律師 許
東大寺
大徳済智律師 許

元興寺
大海仁擔付松□
東大寺
大海豬漏擔付松□外
東大寺
久海壹雙擔付松□外
大安寺
久海軽擔付松□洋
松尾寺
妙珠慶清曾首祢南大麻呂
竊以三學珠途弘今角鹿
丙壹□乗康邁資戒是戒
先生初表云衰我碧氣松
沐染服无敬心所士支長搢
但慶清宿因多幸章得遂法門求

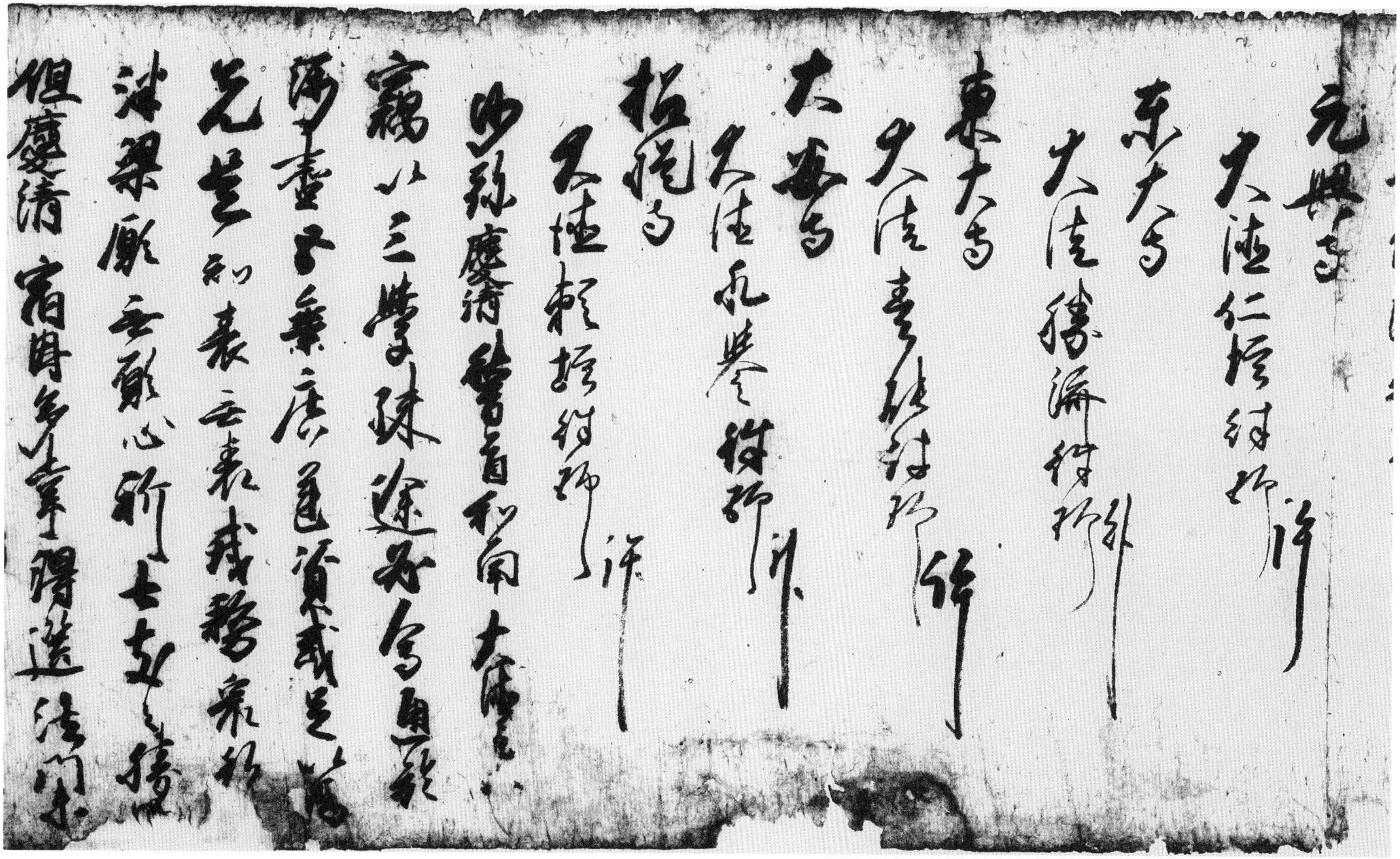

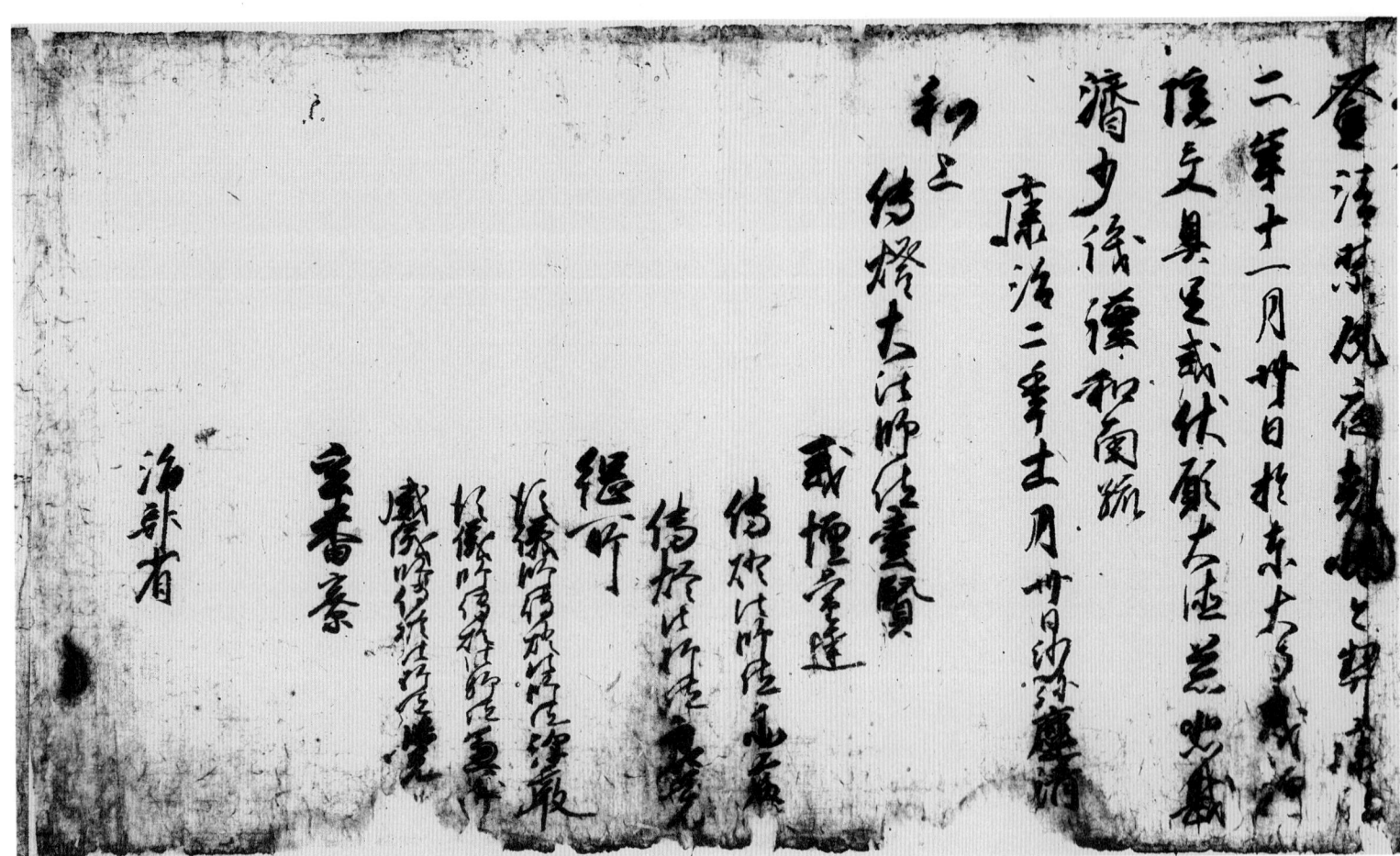
二年十一月廿日於東大寺戒壇
院受具足戒伏願大德慈悲攝
濟少僧證和尚闍梨
康治二年十一月廿日
和上
傳燈大法師位

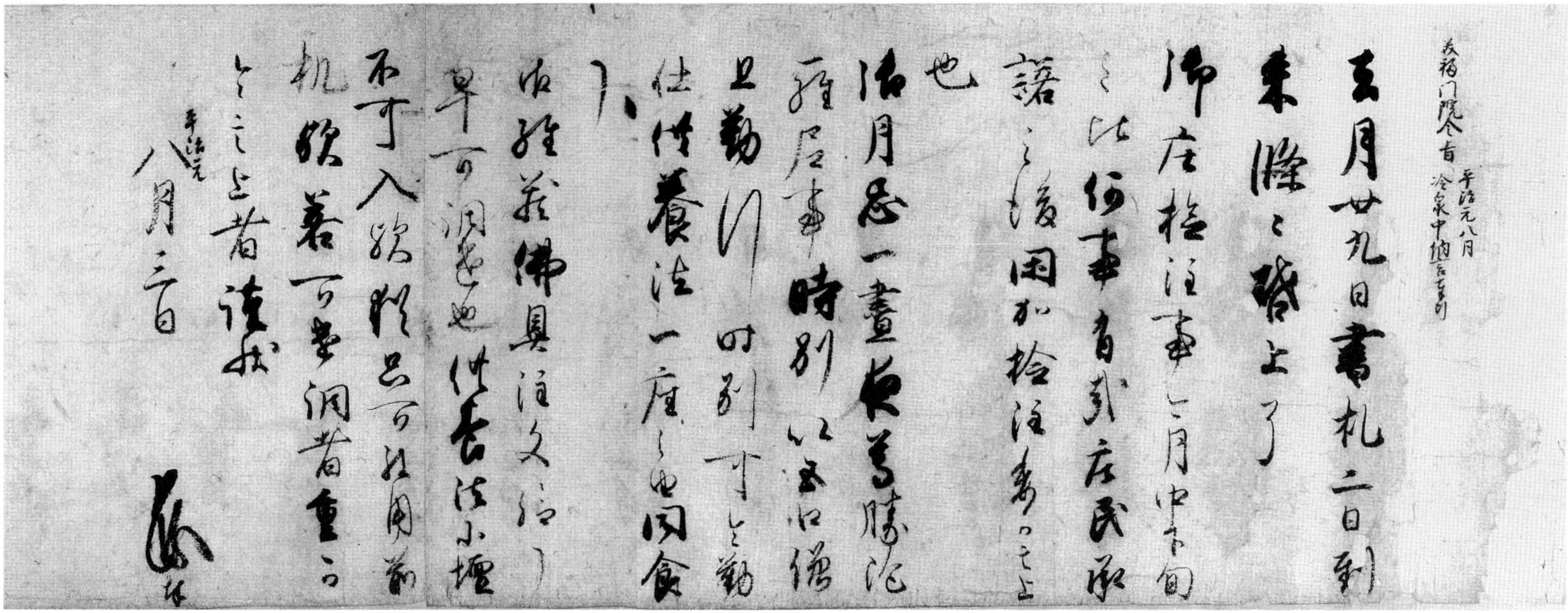

一五　美福門院令旨（続紙）

一六　太政官符（竪紙）

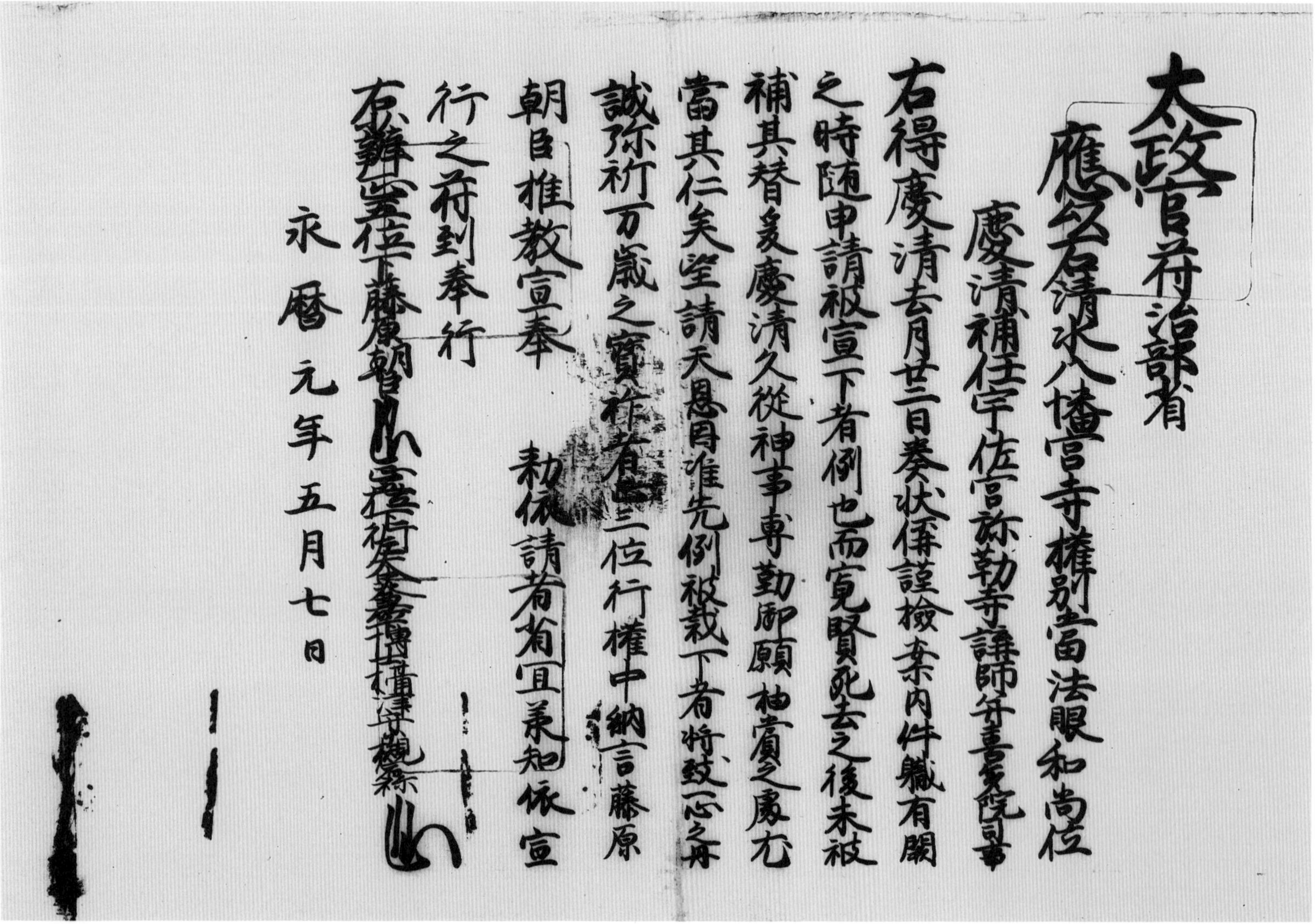

太政官符治部省

　應令石清水八幡宮寺權別當兼法眼和尚位
　　慶清補任宇佐宮彌勒寺講師并喜見院司事

右得慶清去月廿三日奏状偁謹檢案内件職有闕
之時隨申請被宣下者例也而寬賢死去之後未被
補其替㕝慶清久從神事專勤御願袖賞之虞尤
當其仁矣望請天恩㕝准先例被裁下者將致一心丹
誠彌祈万歳之寶祚者正二位行權中納言藤原
朝臣推教宣奉　勅依請者宜乗知依宣
行之符到奉行

　右辨宰位下藤原朝臣□□□左大史□□□□□

　　永曆元年五月七日

一七 太政官牒（竪紙）

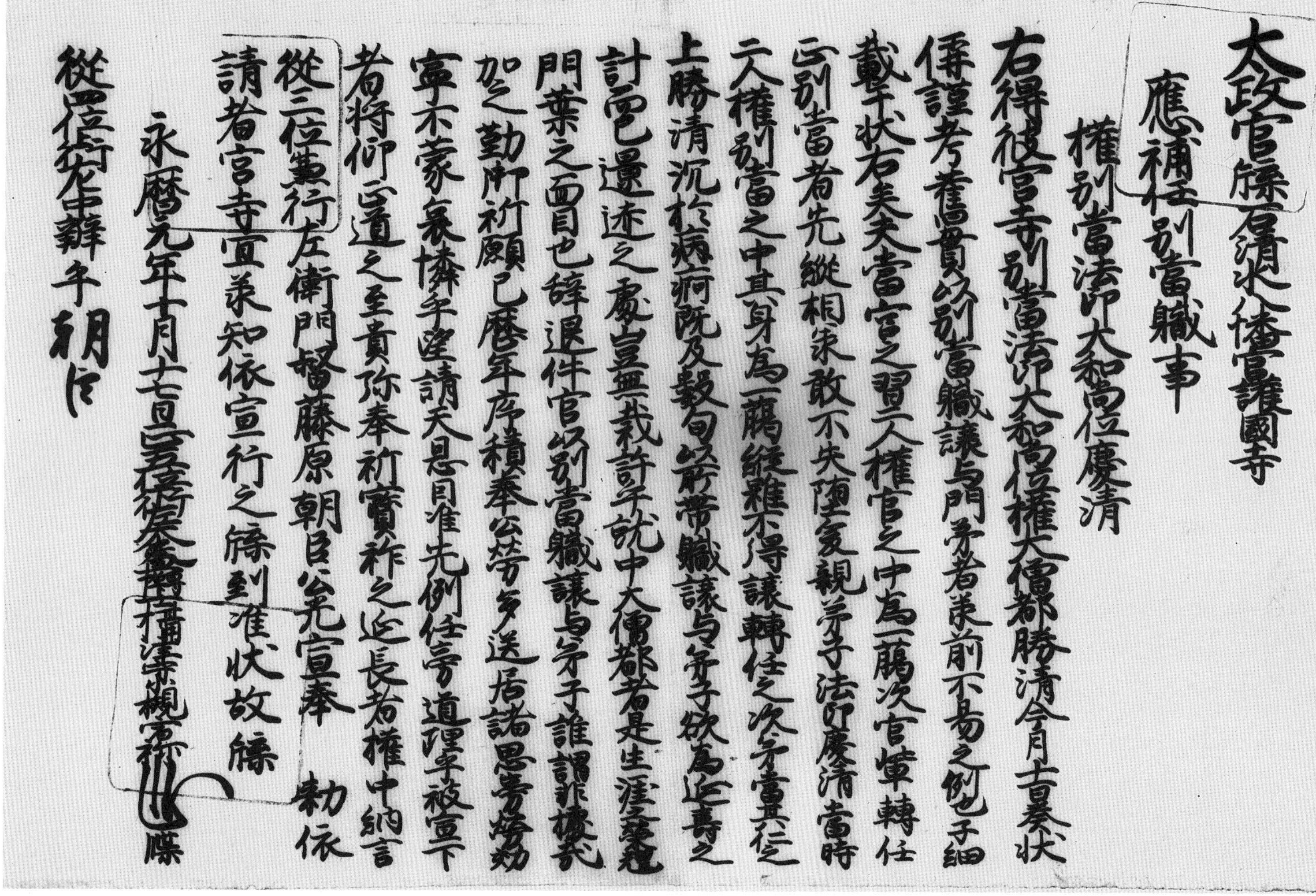

太政官牒　石清水八幡宮護国寺
　應補任別當職事
　　權別當法師大和尚位慶清
右得彼寺別當法師大和尚位權大僧都勝清今月十三日奏狀
偁謹考舊貫以別當職讓与門弟者美前不易之例子細
載于狀右美文當宮之買人權官之中為一蕭次官寧轉任
正別當者先縱相承敢不失墮爰親弟寸法印慶清當時
入權別當之中其身爲一蕭繼隨佳之次子欽爲近寺之
上勝清沉於病河院久彀旬以前帶職讓与弟子欽爲近寺之
討邑還述之處宣無我許子沈中大僧都者是生涯憂經
門葉之面目也辭退件官以別當職讓与弟子誰謂詐樣舒
加之勤所初願己歷年序積奉公拳多送居諸思旁彌勒
宰木衾裹傳于遙請天皇尾貝准先例任寺道理拳被宣下
者將仰言道之至貴弥奉初寶祚之延長者權中納言
　　從三位兼行左衛門督藤原朝臣公光宣奉
　　　勅依
請者宮寺宜承知依宣行之條到准狀故牒

　永曆元年十月十七日　　　　　　　　　　　　　　　從五位上左史生辨秦親行
　　　　　　　　　　　　　　　　　　　　　　　　　牒
　　　　　　　　　　　　　　從五位下史務千朝臣

一八 源頼朝寄進状（竪紙）

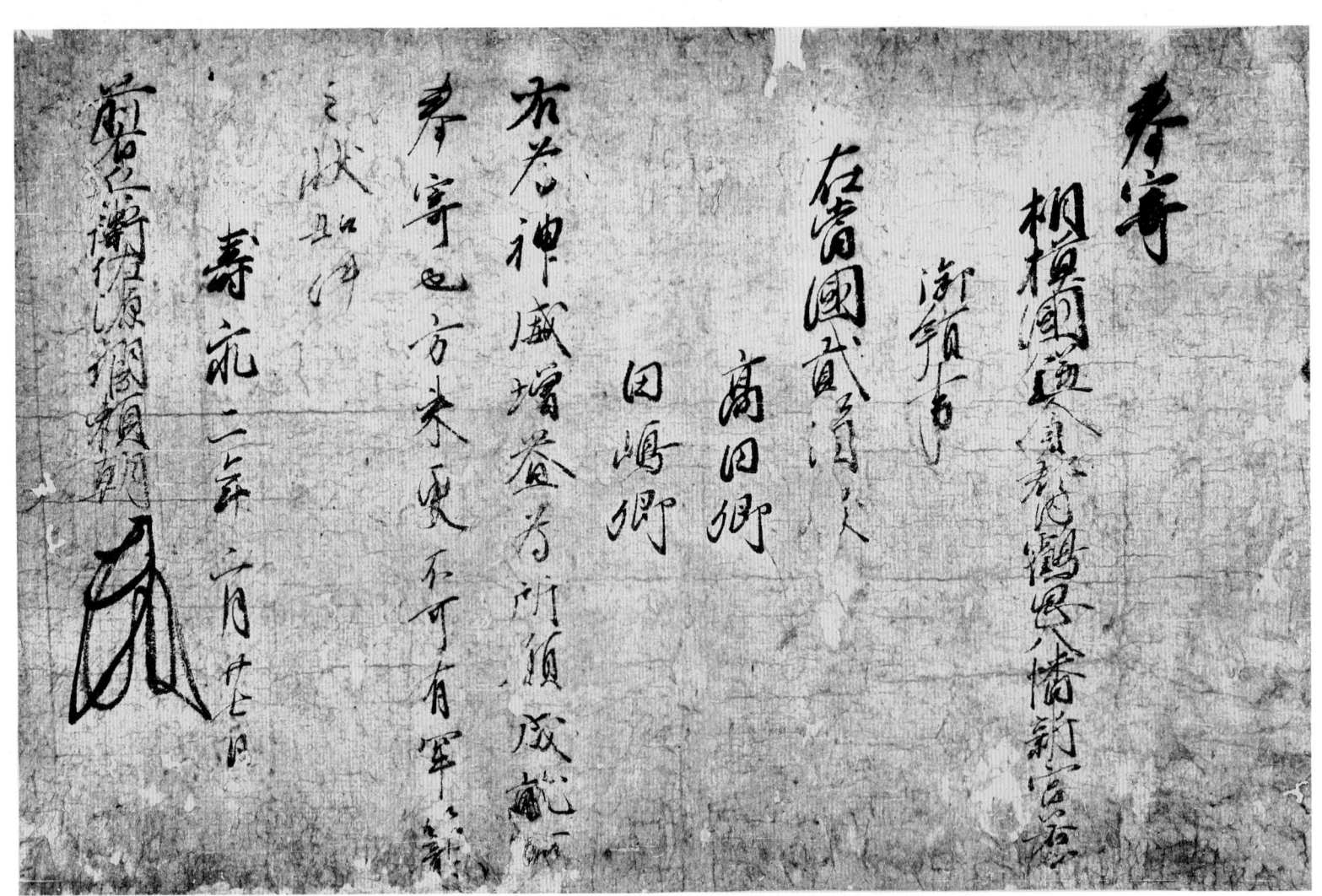

寄進 相模國逸見家長跡地鶴岡八幡新宮若宮

　　御領上

在會國武口口

　　　高田郷

　　　田嶋郷

右件神威增益為祈所領成就

寄進也方來更不可有異儀

之狀如件

寿永二年六月廿七日

　　前右兵衛佐源朝臣頼朝（花押）

一九　後鳥羽天皇宣旨（竪紙）

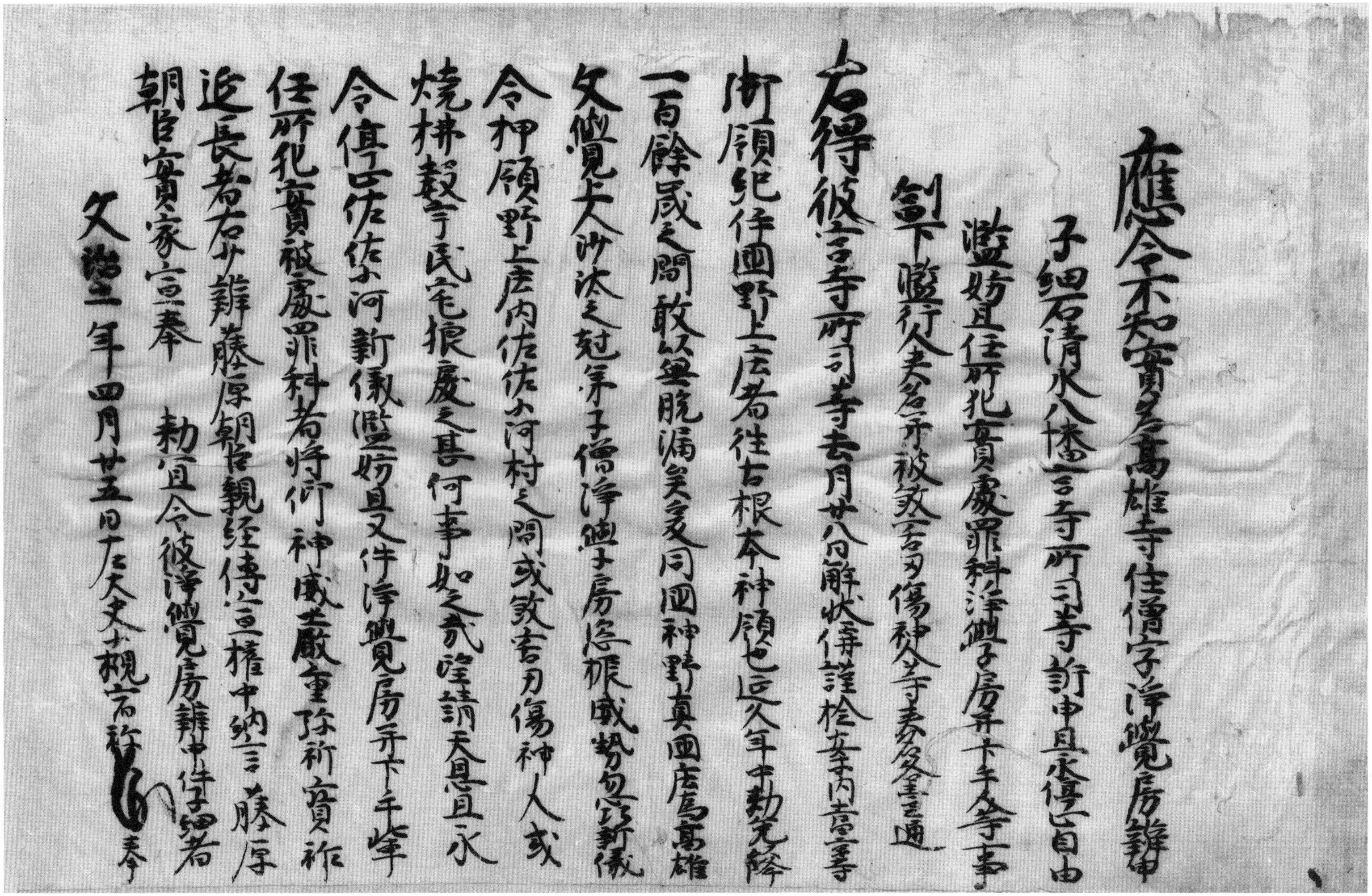

應令不知實名高雄寺住僧字淨覺房辨申
　子細石清水八幡宮寺所司寺訴申且永停止自由
　濫妨且任所犯實處罪科淨覺子房并十千大等事
　劍下證從夫名所被敦舌刀傷枚芋寿々金玄通
右得彼言寺所司寺去月廿八日解狀偁謹檢案内偁寺
　領紀伊國野上庄者往古根本神領也近久年中勸光降
　一百餘歲之間敢以無脇漏失無同國神野真國庄爲高雄
　欠似覺上沙汰之對牟于僧侶禰士房際振威勢旬令新儀
　令押領野上庄内佐次々河村之間或敦吉刀傷神人或
　燒拂穀寺民宅狼籍之甚何事如之或窺請天愚且永
　令停止佐次々河新儀濫妨且又件淨覺房所下千峯
　任所犯實被處罪科者將何神威盖隆重陰祈寶祈
　近長者右少辨藤厚朝臣親經傳宣權中納言藤厚
　朝臣實家宣奉　勅宜令彼淨覺房辨申件子細者
　　久治二年四月廿五日左大史小槻宿祢行　奉

二〇 六波羅施行状（竪紙）

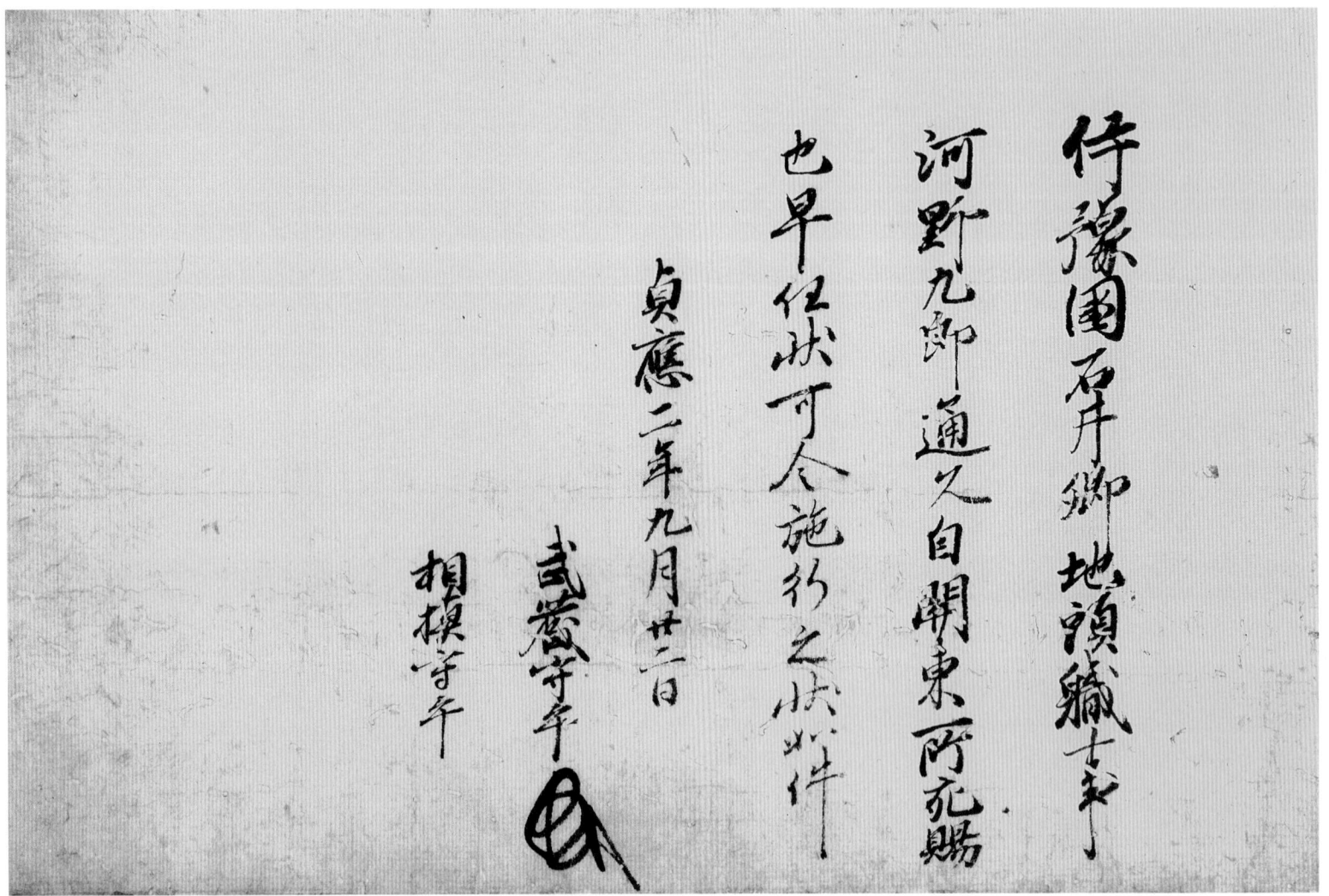

伊豫国石井郷地頭職事

河野九郎通久自関東所充賜

也早任状可令施行之状如件

貞應二年九月廿二日　武蔵守平（花押）

相模守平

二　関東御教書（竪紙）

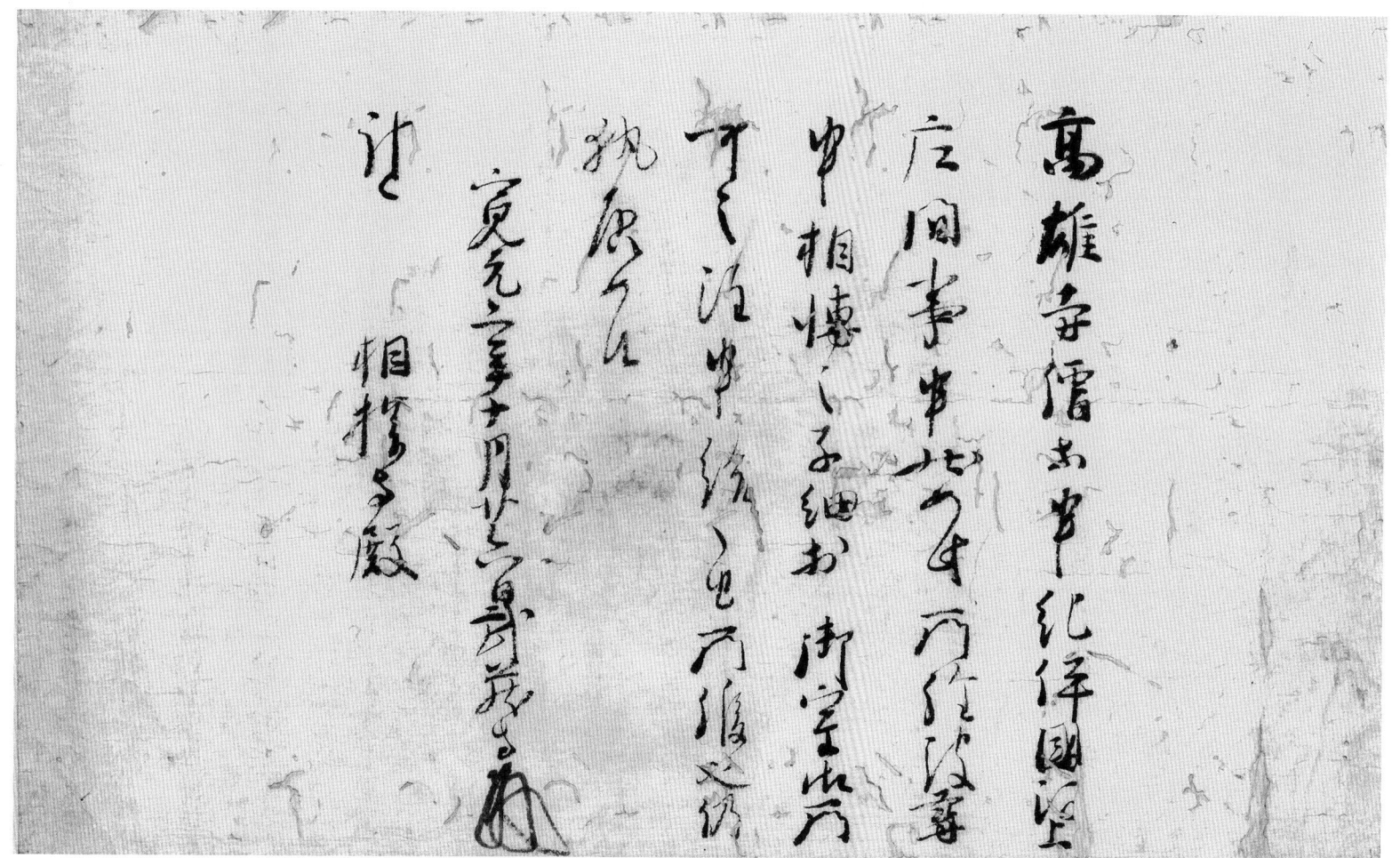

高雄寺僧衆中紀伊国塔
庁同事申沙汰可有沙汰
申相懐子細於御堂以下
執行
可令沙汰給候也仍執達如
件
　寛元三年十月廿二日　武蔵守花押
　　相模守殿

二三 北条時宗下文（竪紙）

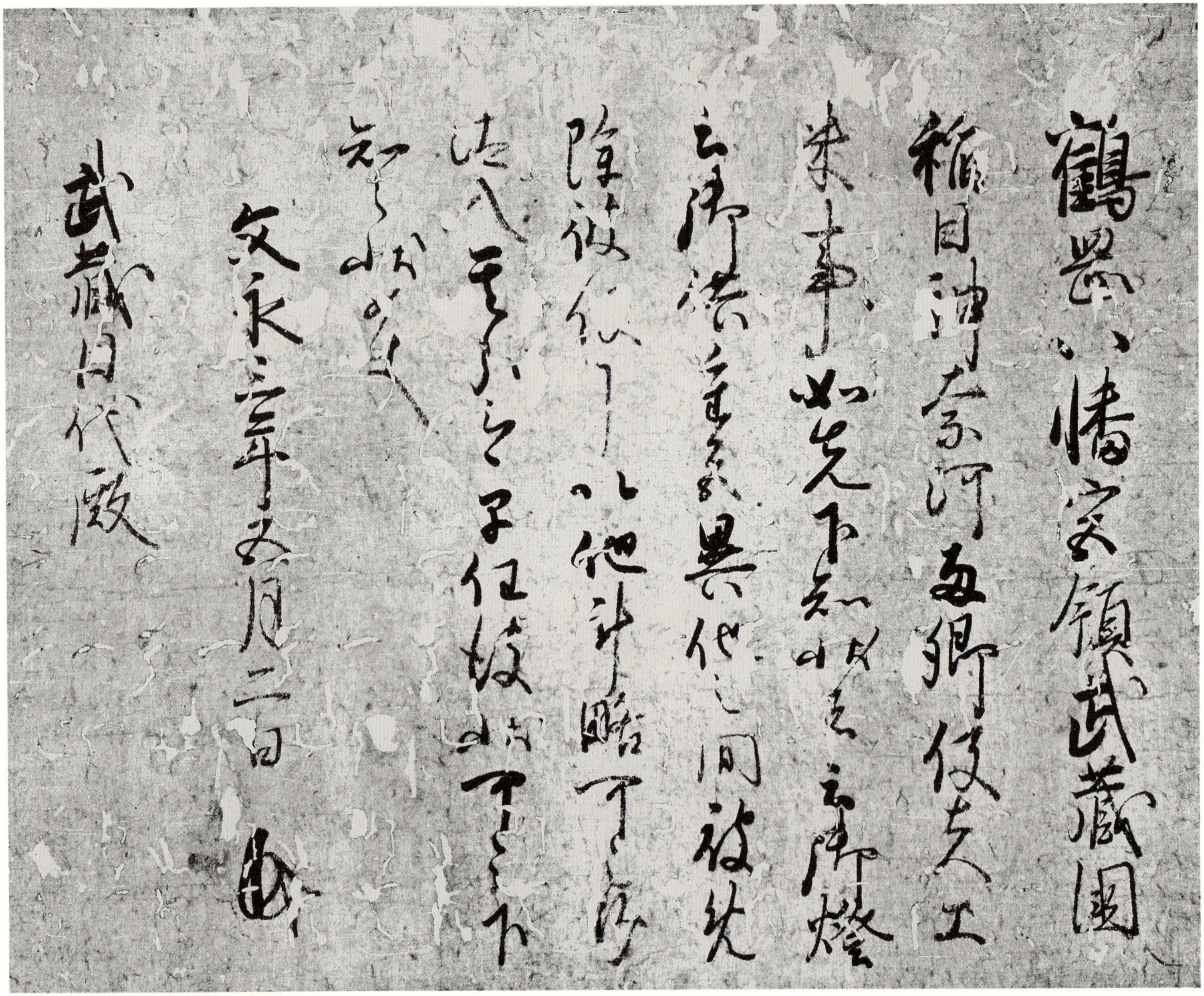

二三　関東下知状（三紙続紙）

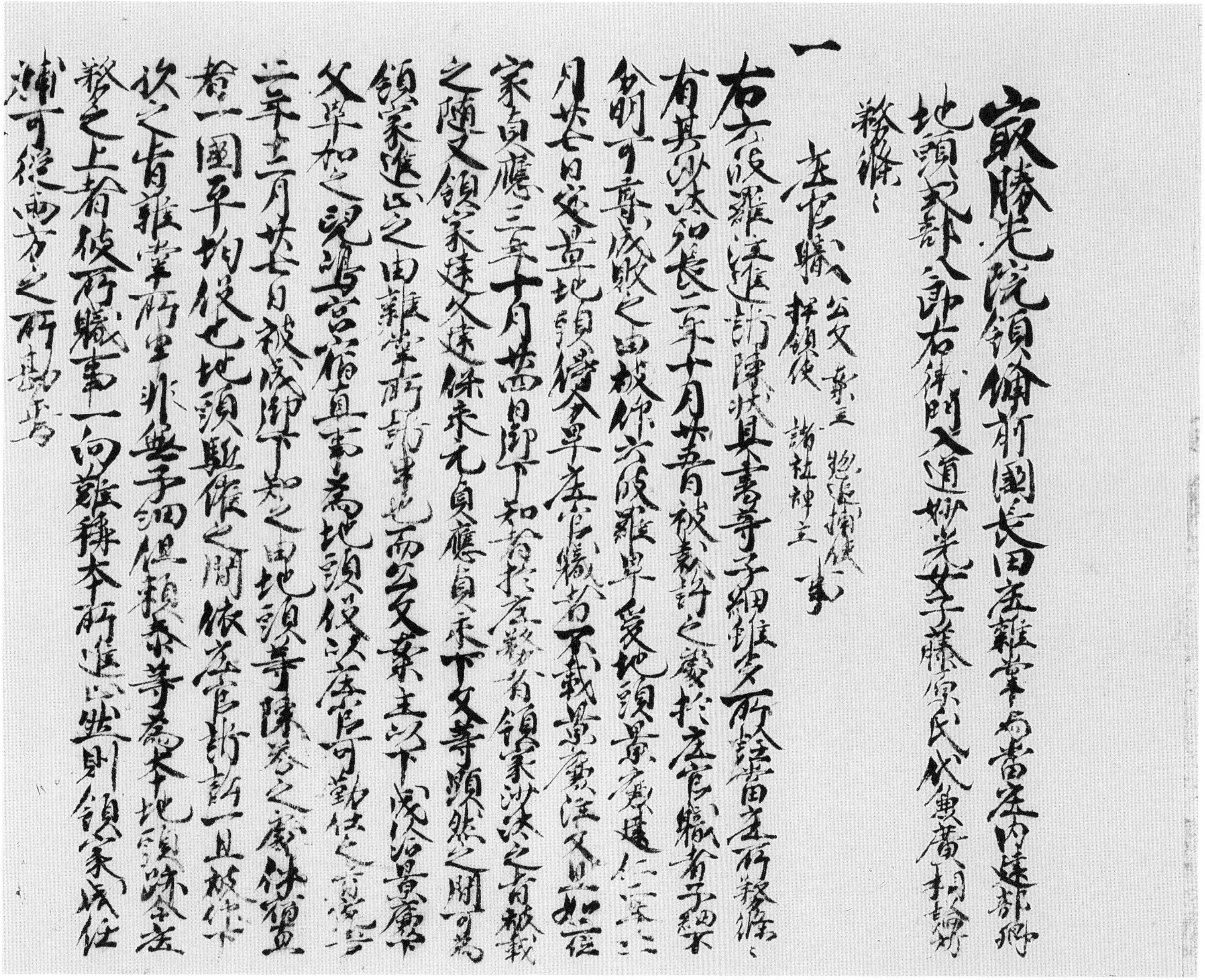

敵勝光院領備前国長田庄雑掌申当庄内達部郷
地頭孝部入道右衛門入道妙光女子藤原氏代輿廣相論対
決條々

一　在官職、公文職三、惣追捕使、
　　諸社神主、雜役等

右、波羅注進状具書載之、所詮當庄田畠井孝部子細注文
有其沙汰、仍長二年十月廿五日被裁許之、爰於庄官職者子細於
前々奉成敗之由、被仰付、仍地頭景廣遣仁深之
月装日、父葦中在官職者不載裏篇注文但如征
家員聴廷三年十月廿四日即下知、有於領家沙汰之有歟、義
之隨文、領家達文速文難定所云、而公文葦主以下、以治量廣
領家進止之由、難案所申乎、為地頭役以奉行可勤仕之旨遵
行加之、況当宫宿直事陳芳、可新一且被仰
廿二月廿二日、被仰御下知之由、地頭等陳芳之處依望、
欲之肯張雖事非無少為細憑奉之間、依永本所進但如
鑒一国平均候之地頭驗依文、以此役立一向難籲本所進
等之上者、彼所職事一向難籲本所進地者、則領家成仕
候可從何方之所勘正哉

一 擬断事

右知弘長二年御下知状者不載景廣進状之廣頼親等就
從状無陳申之間非地頭一向沙汰之條無異儀於後隨久綱
二品為領家之時令相交事頼親乘伏早但傜久以後領家
無沙汰紛等為有証者不依年紀之得為儀於當時任郷
廣兩方可致沙汰之由被裁許之條貽後昆誰也依当時令
也而知雖事有帯左衛門佐家正治二年六月御下知者右大将
家御時地頭得分処色目之由被載之号彼色目状陳作景廣
明仍可令寺成敗之處有被作後敬仗於先日即下知之得地
速仁二年状文早可被下載預跡於此陳謝非無其謂随
頭下知景廣連仁令此得分注文之上者今奏雖稱陳事直
又起長三年沙汰之時地頭不事于迺之上者今奏雖稱陳事直
擬断事相年不率人分限之證据何可致筆分之沙汰地頭
以實賢書等謀考為任文目雖可有其然以被召上當辧之付

不及沙汰文
不及沙汰文

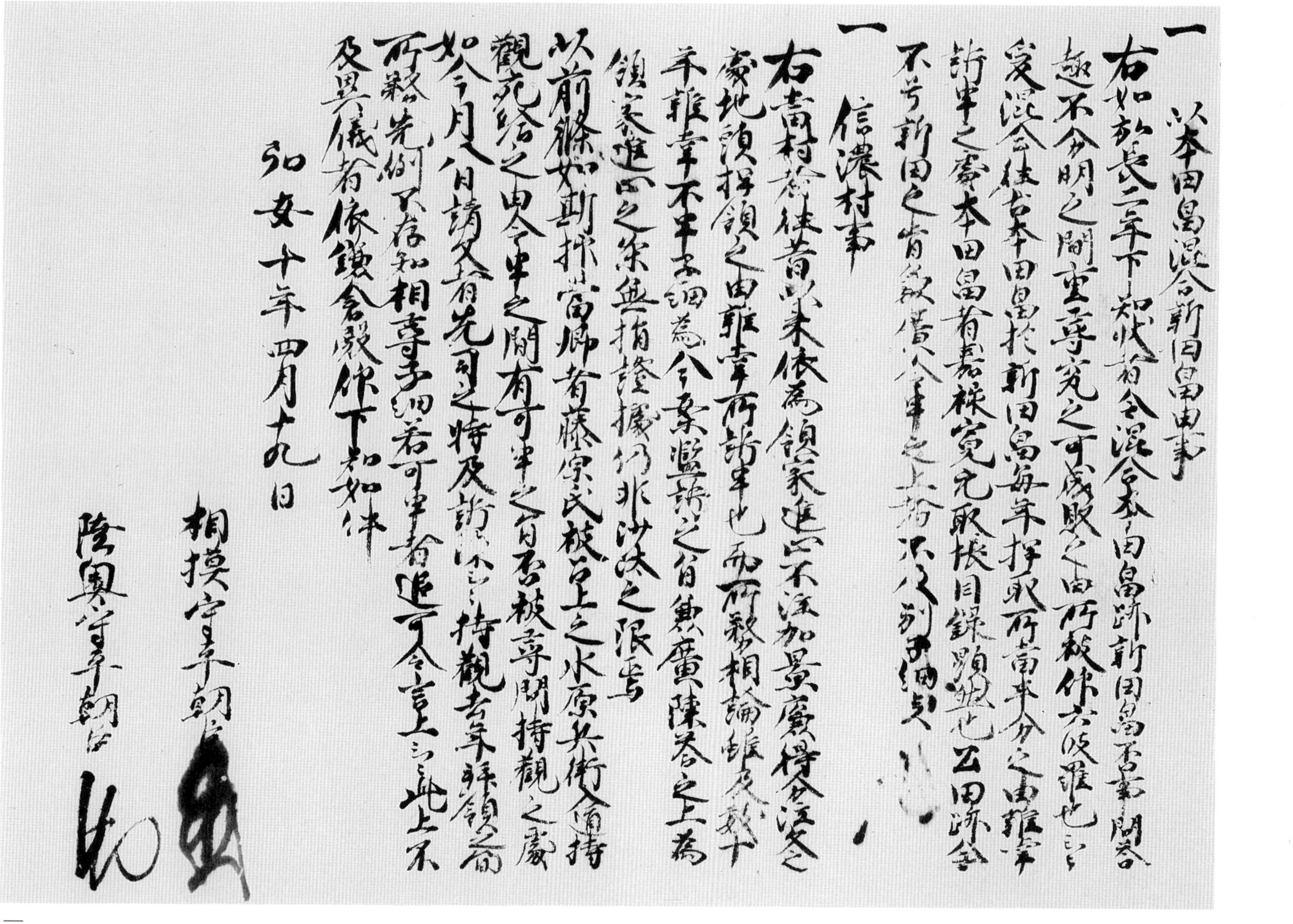

一、以本田畠混合新田畠由事

右如敕長三年下知状者令混合本田畠跡新田畠者糺問各
趣不分明之間重尋究之可成敗之由田畠者於本田畠毎年作六反雖者
愛混合徒令本田畠於新田畠雖所當米分之雖雖
訴争之濫本田畠者嘉禄寛元取抜目録頭載之立田跡舎
不号新田之旨敍廣令申之上者以及別引納貢

一、信濃村事

右壽村並徒若以来依為領家進止不及加景廣樓分送之
家地頭押領之由雖幸所當米也而所穀相論辰汝干
千雖幸不年主洞為今条監諸之旨無廣陳答立為
領家進止四之条無指證擾可止沙汰之限写
以前條如斷押寄藤宗氏被召上之水原兵衛介領
觀充答之旨弁中之開有可申之旨君被尋開持觀之慶
次方月八月靖又有光引之特及訴訟俄持觀去年非領者
所穀光例不春知相害事細若可申令追可令宣上此上不
及異儀者依鎮舎穀作下知件

弘安十年四月九日

　　　相摸守平朝臣（花押）

陸奥守平朝臣（花押）

二四 信濃国太田荘雑掌道念和与状（竪紙）

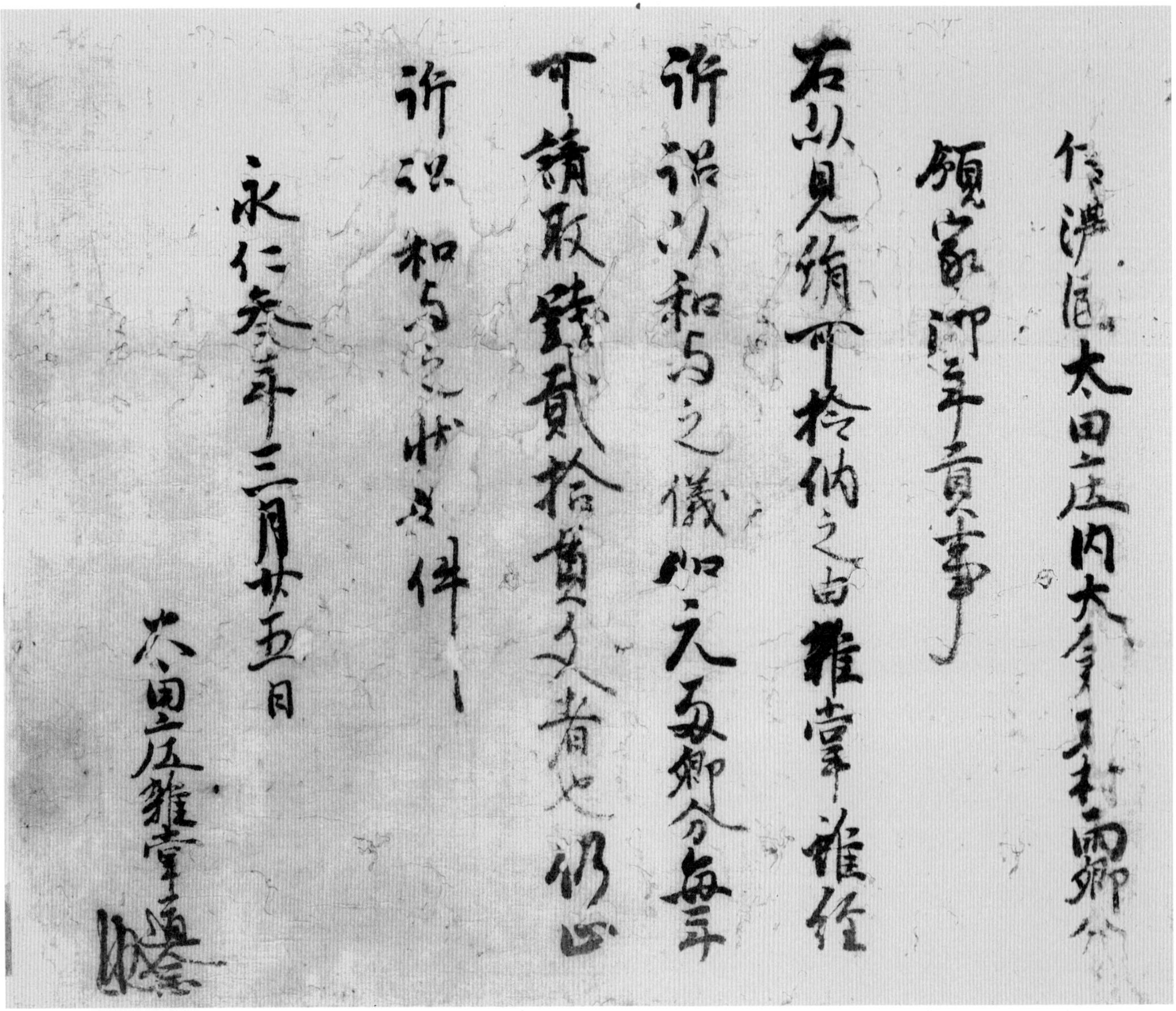

信濃国太田庄内大今井村雨郷分
領家御年貢事
右以見納可抽納之由雑掌雑径
訴訟以和与之儀如元毎郷分毎年
可請取銭貳拾貫文者也仍
訴訟和与之状如件
永仁参年十二月廿五日
太田庄雑掌道念（花押）

二五 某女院置文（竪紙・礼紙欠）

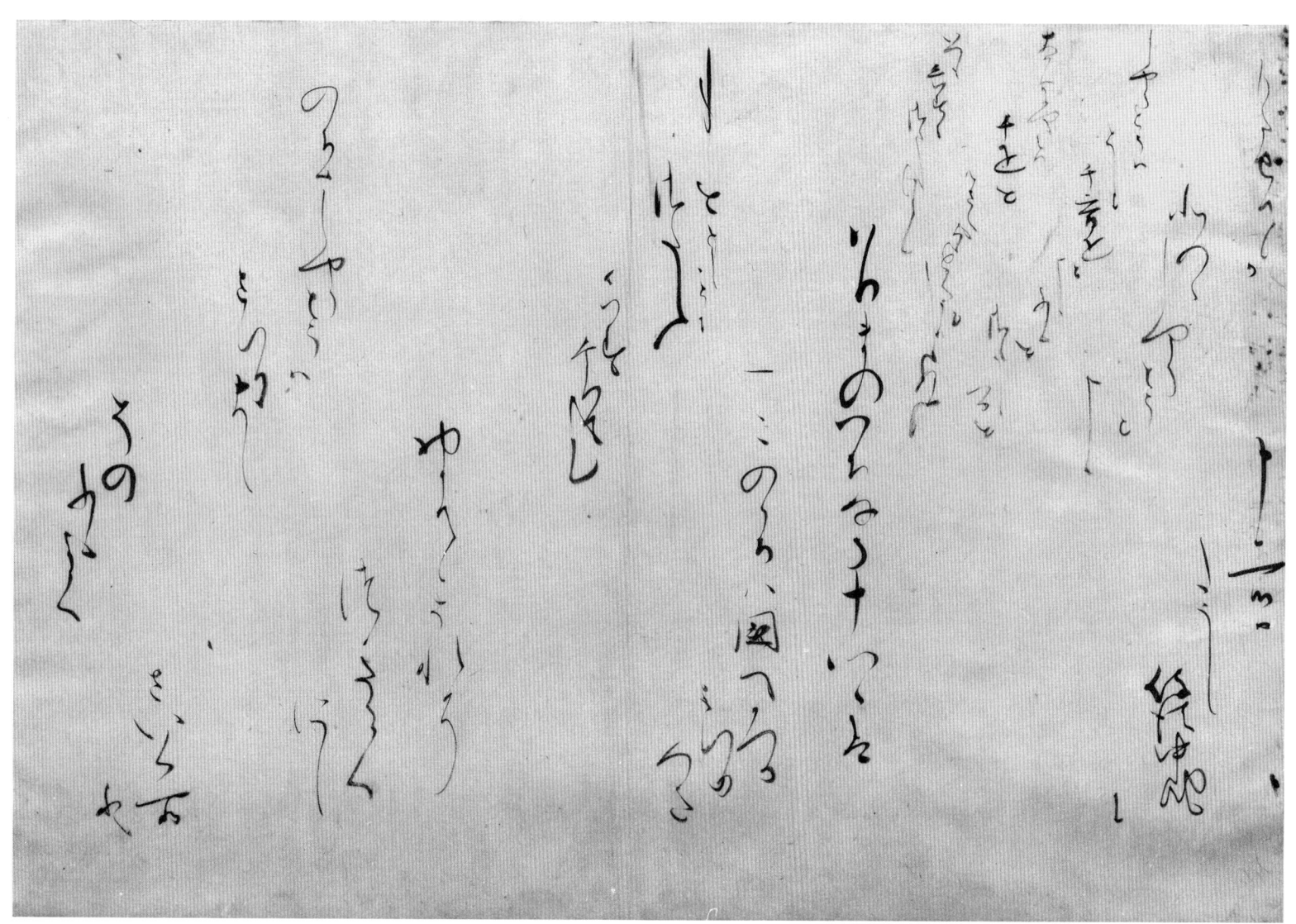

二六 藤原氏家地売券(手継文書)

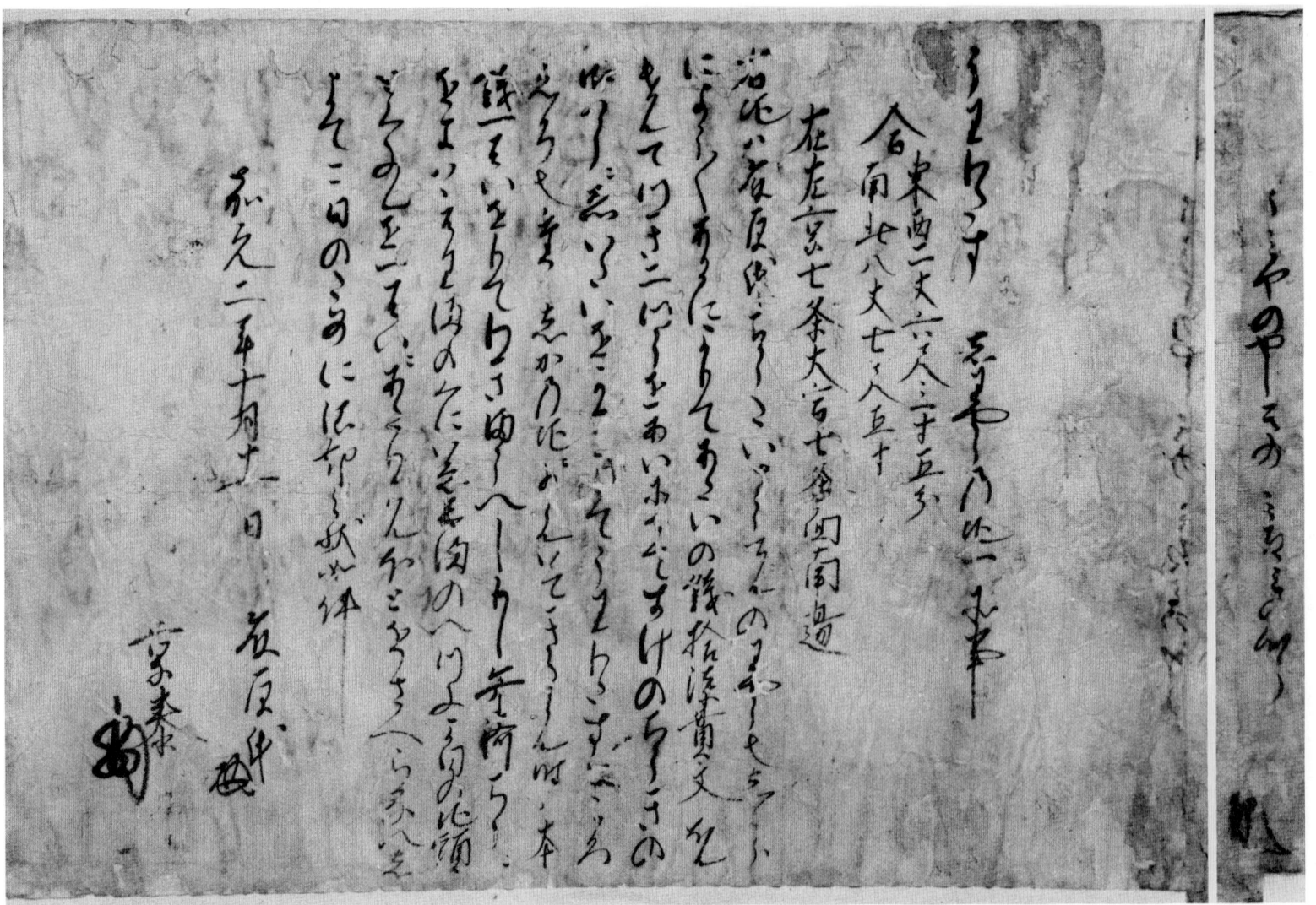

うるやうち　　　いゑやうちつほ一丈事
合東西二丈六尺うち五寸
南北八丈七尺八寸五十
在左京七条大宮七条南面道
若此家屋地ちうにいつしゝんのちさふらふ
もしてけ二いつしそれあいふさくすけのちうの
ちうにいつしをかへさせたまふそねん本
讓そいとりてけりさゆへにりさ今のちうら
をまいへそれ肉のちうをきりようそそ北領
こよをこよてい今ちうそこの㐧のりさ今以
よそ二日のうへに㛦切さ㱔状件

嘉元二年十月十二日　　　家房（花押）

　　　　　　　　　家房（花押）

治部尚書

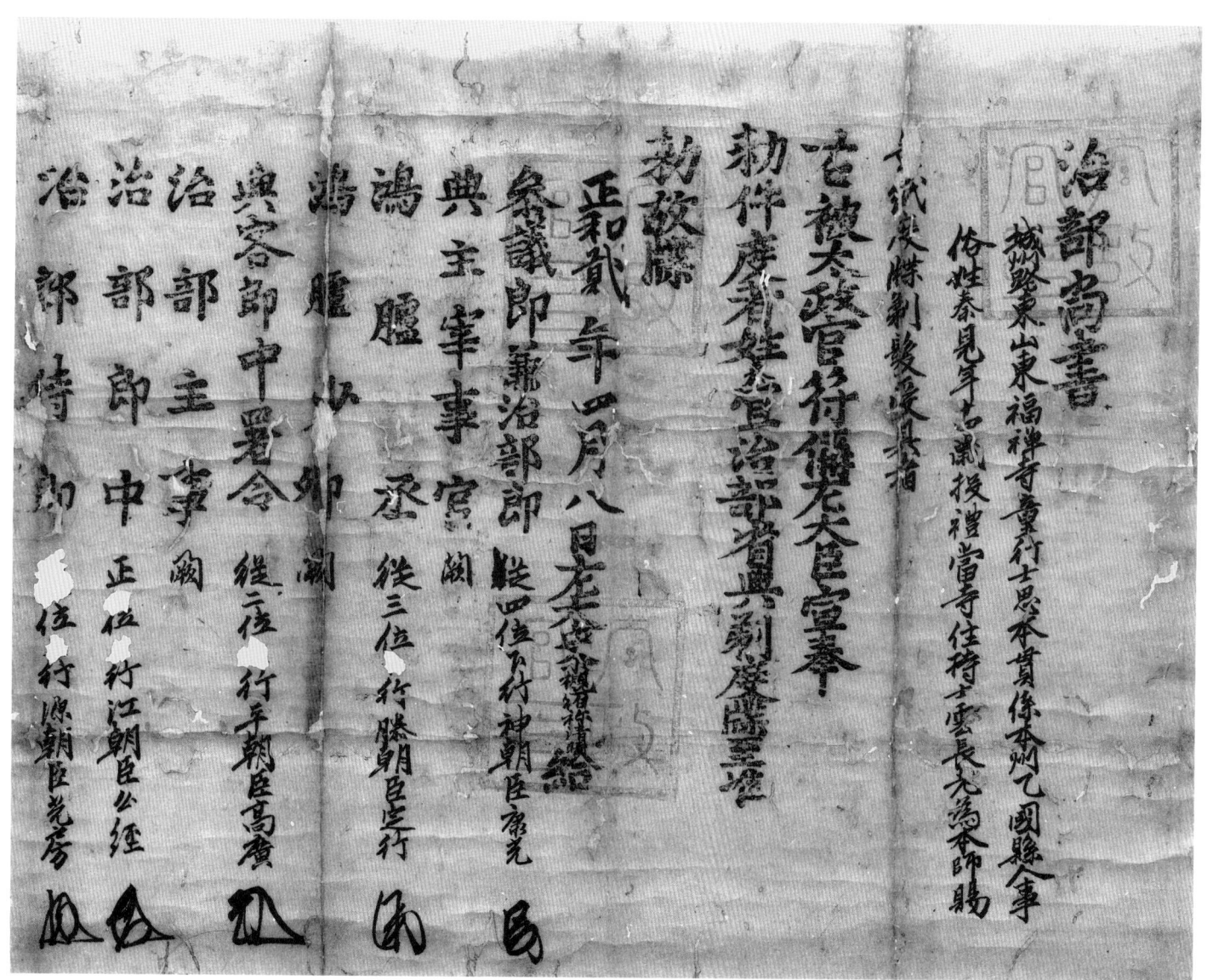

城鋪縣東山東福禪寺童行士恩本貫係本州乙國縣人事

伶姓秦見年古謙授禮當寺住持士雲長元為本師腸

　紙製牒剃髮度具相

勑故牒

古被大發官行僧充大臣宣奉

勑件僧本姓秦官治部省具六剃度今據

條議郎兼治部郎從四位下行安發禎緒□□

正和貳年四月八日左

典主幸事寘潮

鴻臚丞 從三位 行勝朝臣宗行

鴻臚少卿潮

興容卿中畧令 繼二位 行平朝臣高廣

治部主事闕

治部郎中 正四位 行江朝臣公經

治部侍郎 　位 行源朝臣光彥

二七　友山士偲度牒（版刻）

二八　鎮西探題下知状（竪紙）

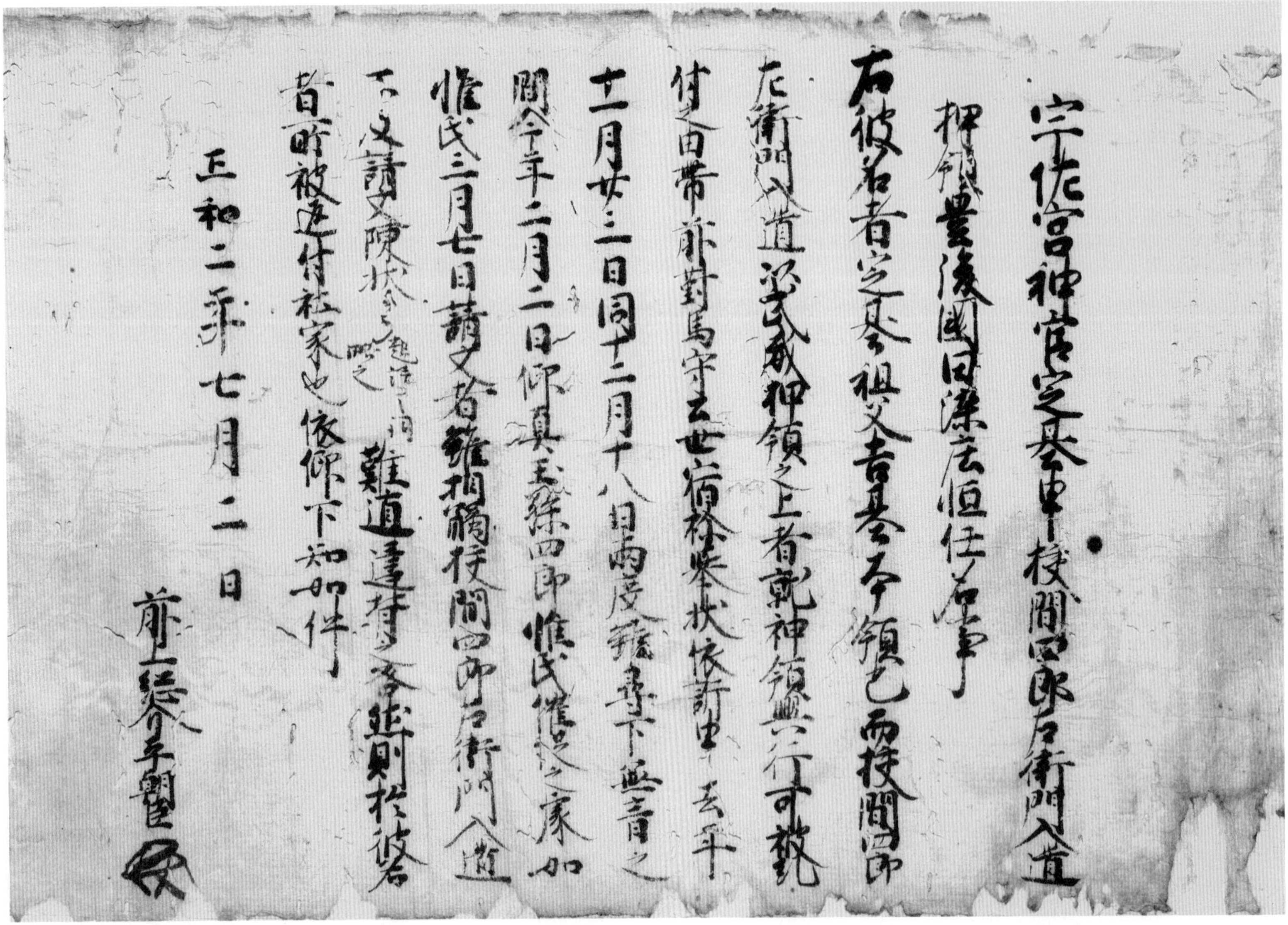

宇佐宮神官安基申一楝間四郎右衛門入道
押領豊後國日藻庄恒住名事
右彼名者芝子祖父吉基子領已而授間四
左衛門入道沒武威押領之上者就神領顕六行可被
付之由帯前対馬守之世宿粒紫状依訴申云千
十二月女三日同十八日両度荻尋下無言之
間今年二月二日仰玉藤四郎惟氏催促之庶加
惟氏三月七日蒔文者雖相摘使間四郎右衛門入道
下之請文陳状於今之□□難道違持之交延則於彼者
昔時彼虎付社家也依仰下知如件

正和二年七月二日

前上総介平朝臣（花押）

二九 後醍醐天皇綸旨（宿紙）

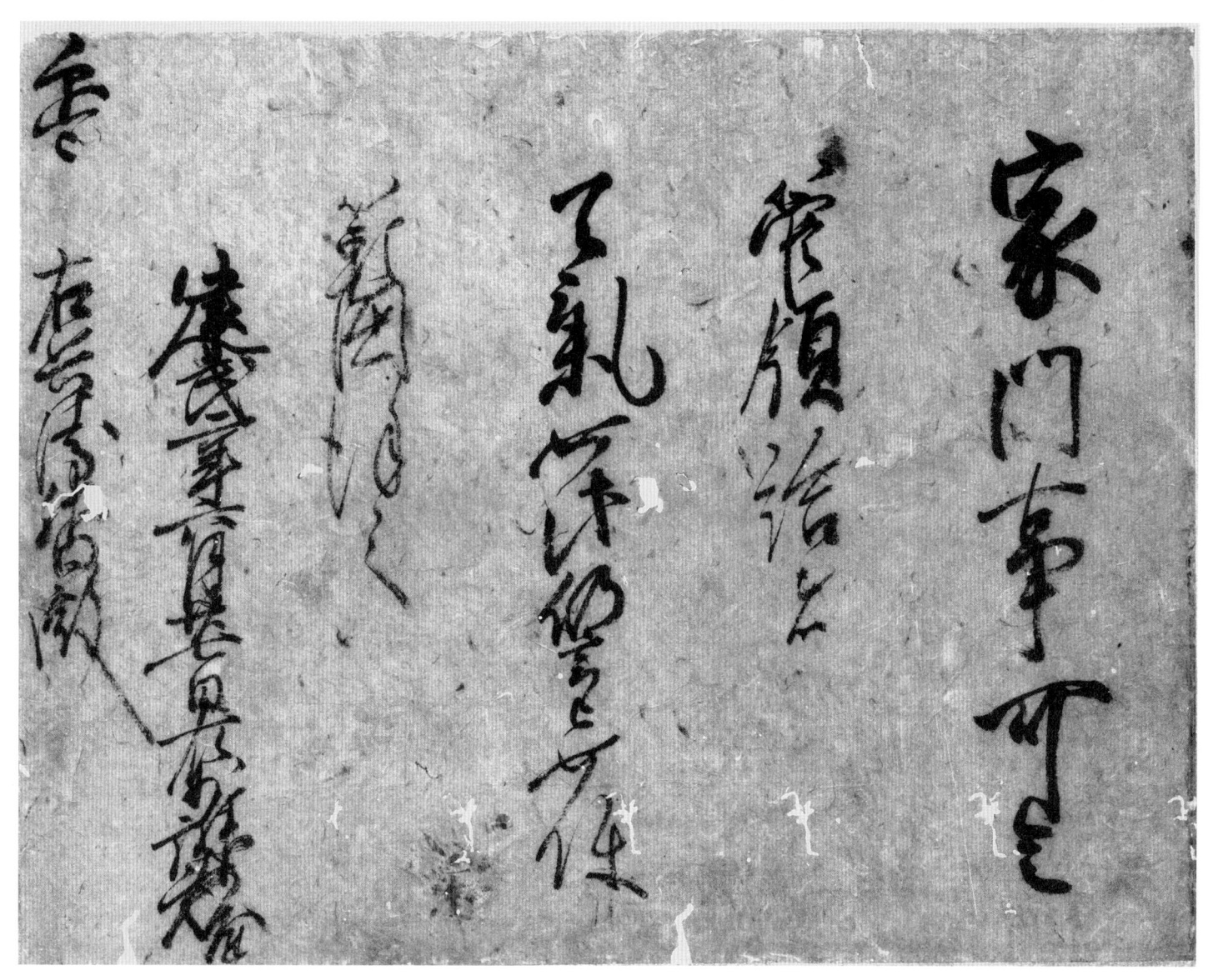

三〇 足利直義軍勢催促状（竪紙）

珠洲城凶徒未属無事相伺
一族悉以可馳參軍忠之狀
依仰執達如件

（花押）

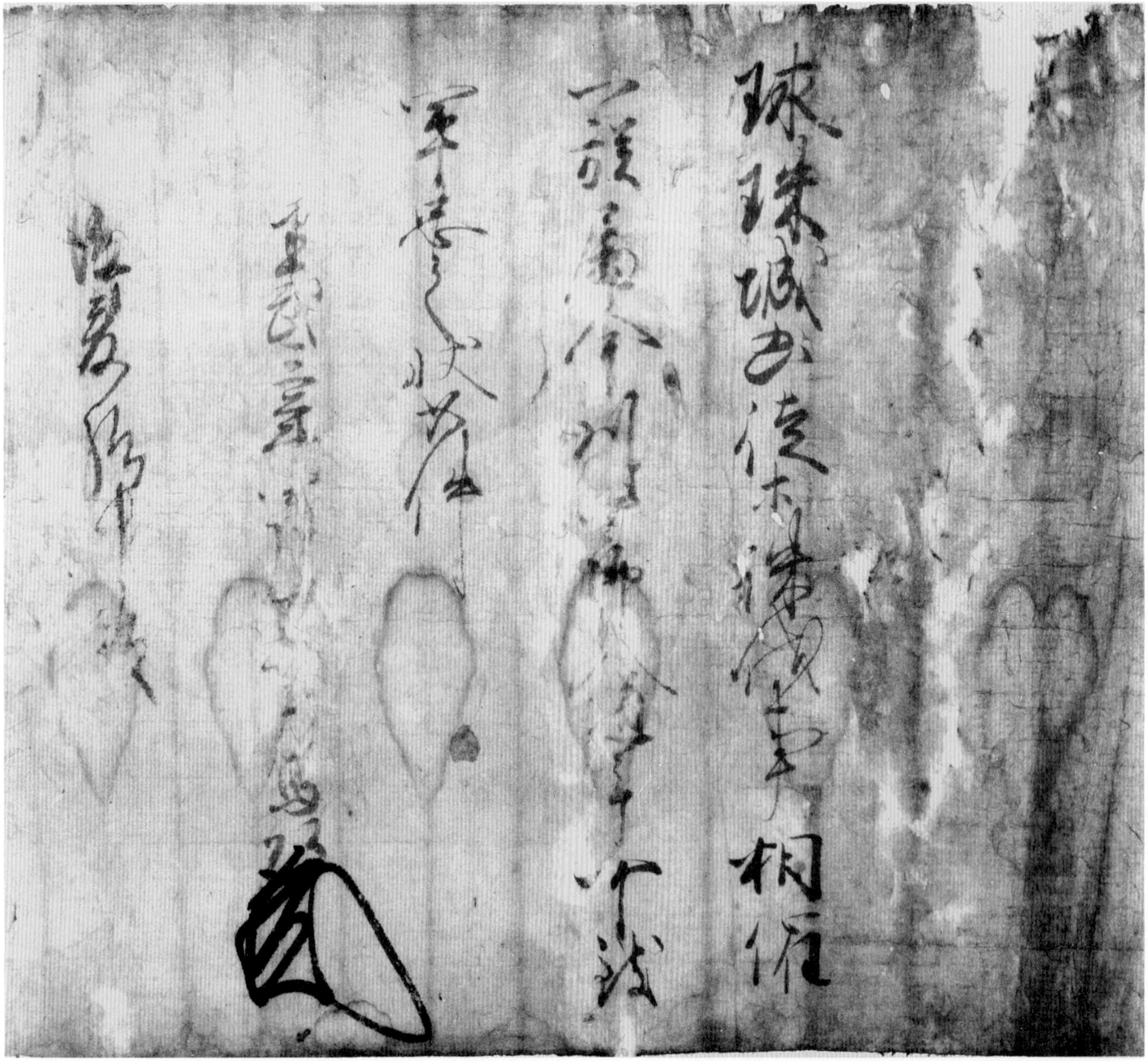

三一　高師直施行状（竪紙）

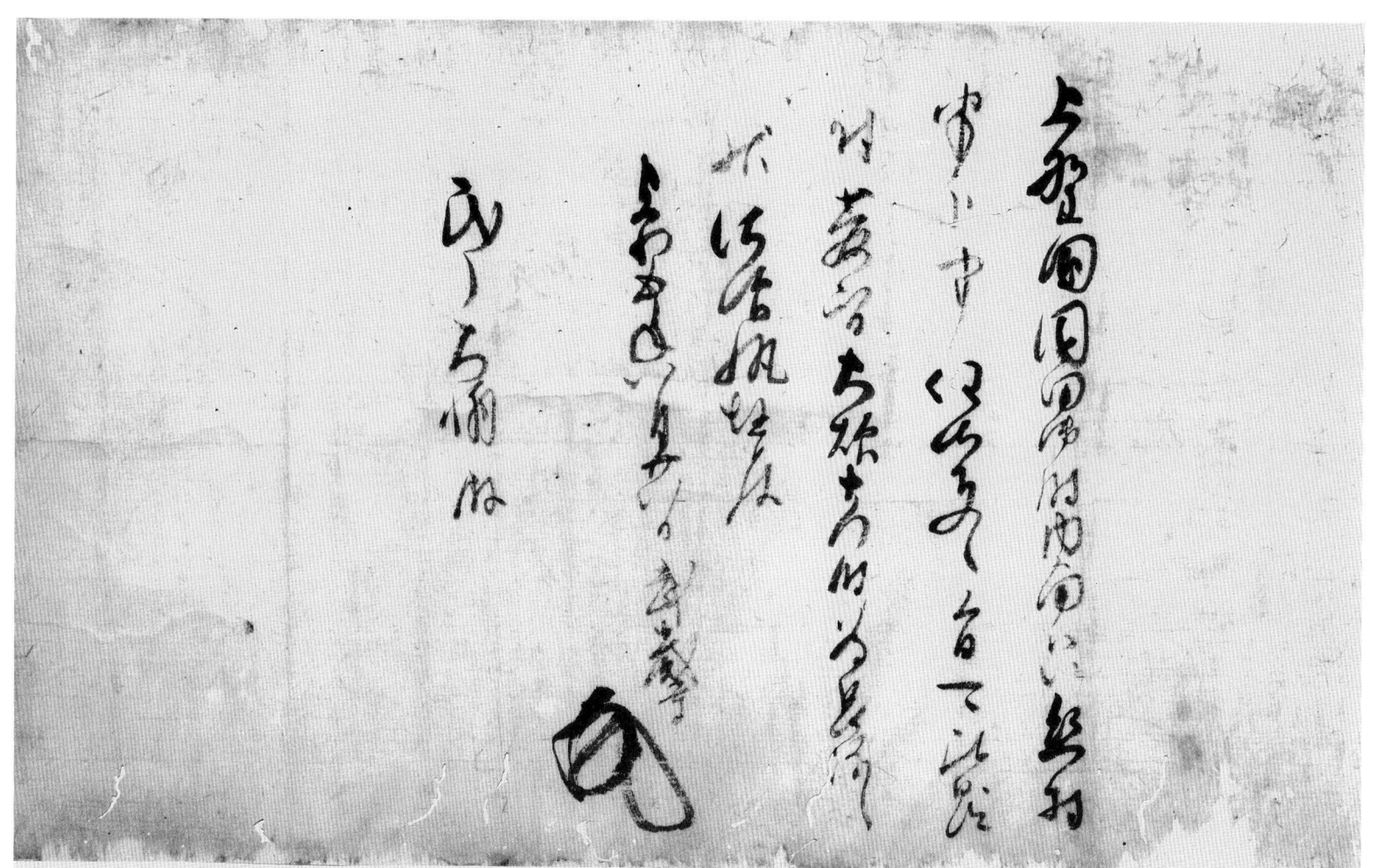

三二 足利尊氏禁制（竪紙）

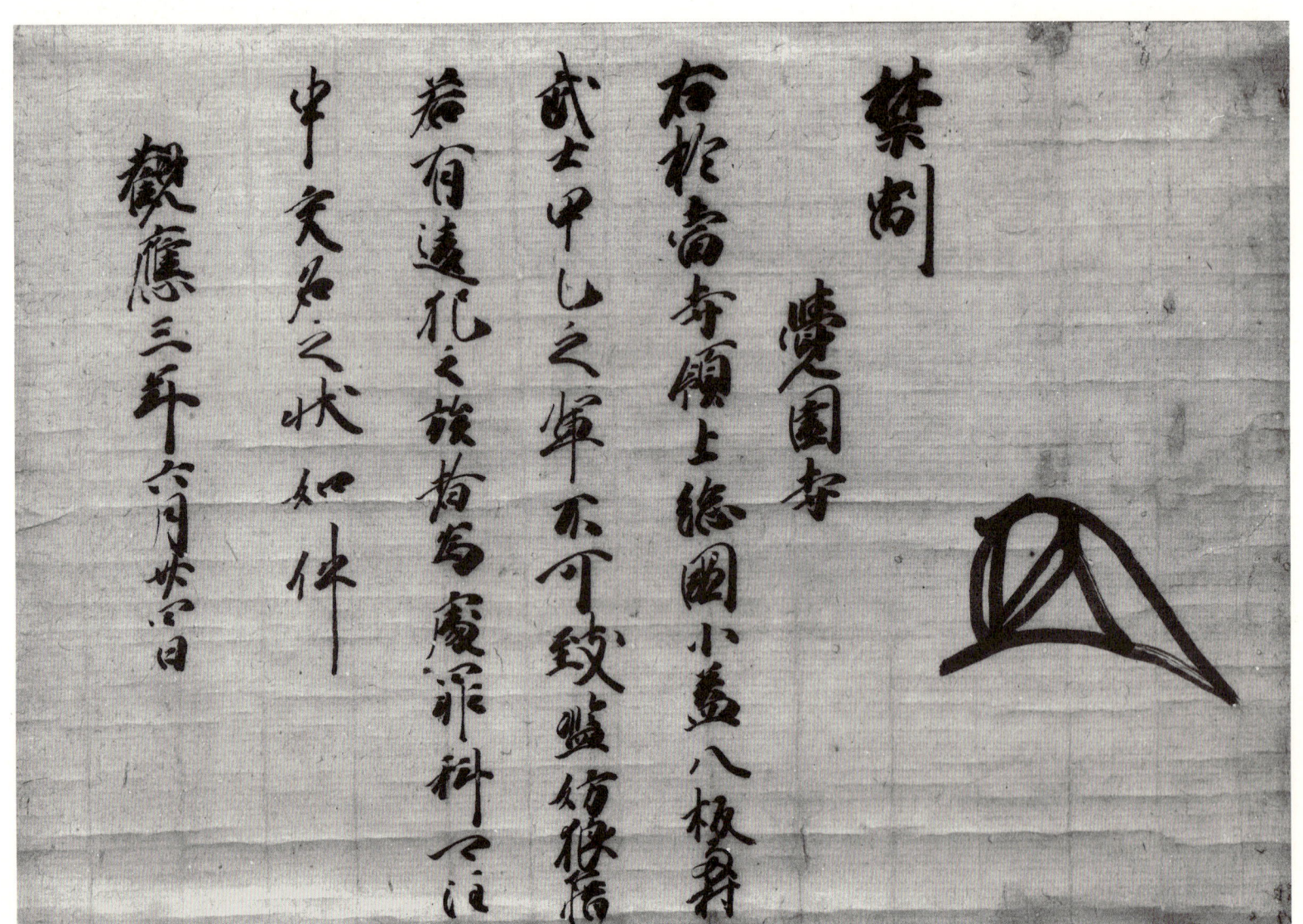

禁制
　　　覺園寺
右於當寺、濫妨狼藉
武士甲乙之輩不可致濫妨狼藉
若有違犯之族者、爲處罪科之狀
中交名之狀如件
觀應三年六月廿日

三三 金子信泰譲状（竪紙）

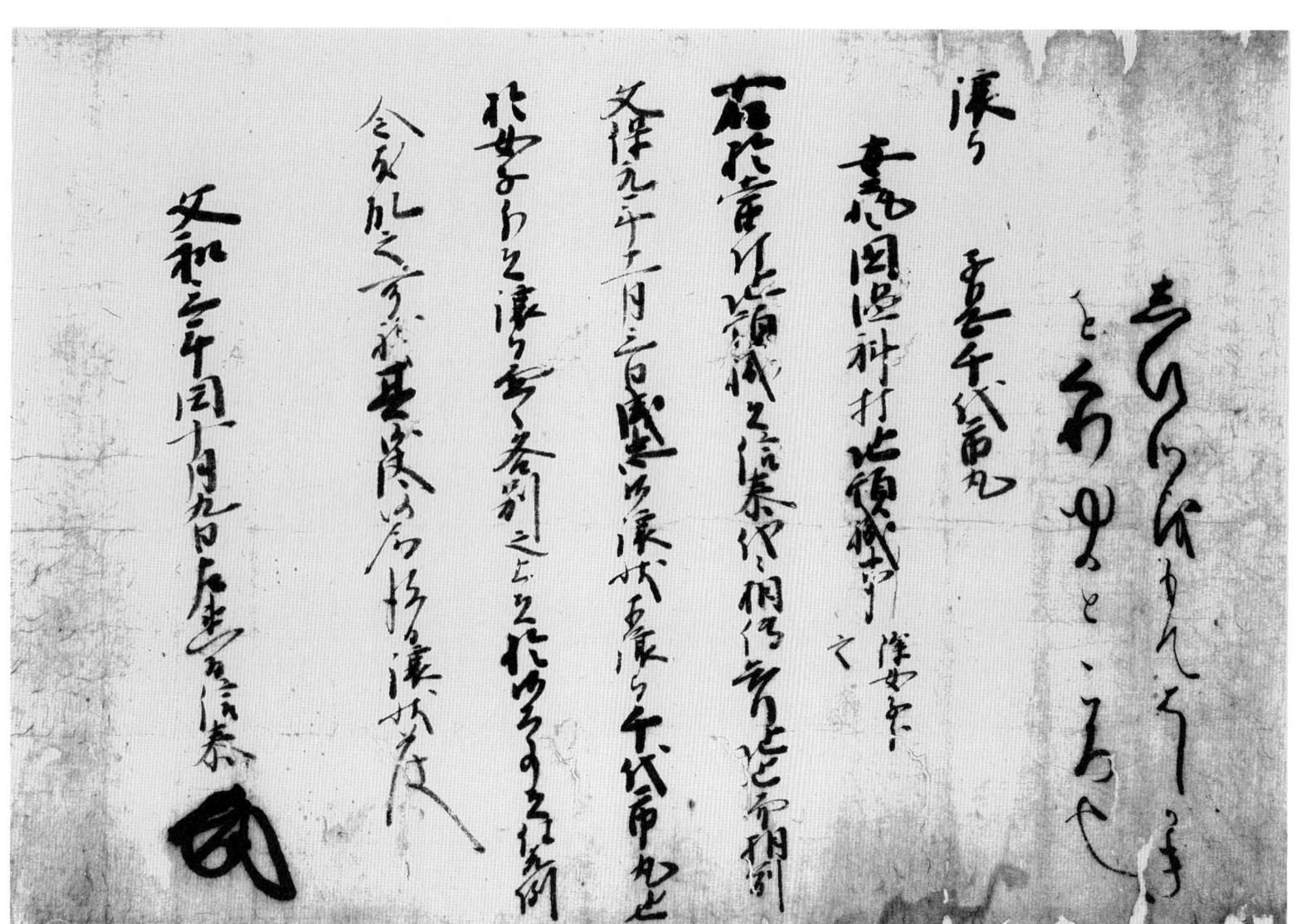

ゆつりわたすところ

一 喜千代童丸

右因幡国温科打此領地事、僅安堵

在庁官仕領地之事、泰代々相伝之所領也、

文保元年十二月二日実乃譲状ニ喜千代童丸と

ひとつをゆつり与へ参別之上ハ、代々子々孫々に至るまて

今更加之亦悔返し甚違乱有へからす譲状如件

文和二年十月九日　金子信泰（花押）

三四 島津佐忠代田村忠長着到軍忠状（竪紙）

着到
　鴻津大隅殿三郎代田村右衛門次郎
　　忠長軍忠事
右依去七月下旬業都管令教向地家植野打陣波
登国門八月四日着付喉上三所陣ニ属衛手次逃落
横田要害三汝大家打陣取之時打敵出帳之方波
散ニ野同八月廿九日当城守攻之時打敵出帳我
町門県兵新衛手之慶当千猿合依打敵が城内川籠手
其夜引驚木新陣兵役石国其後石不来陣宿直仕間
九月六日向賊陣合戦之時付切打発敵と合戦之所則
清見知年ニ差者下賜御該判為後澄於如言上ハ件
　　應安元年九月　日
　　　　　　　（花押）

三五 後光厳上皇院宣(宿紙)

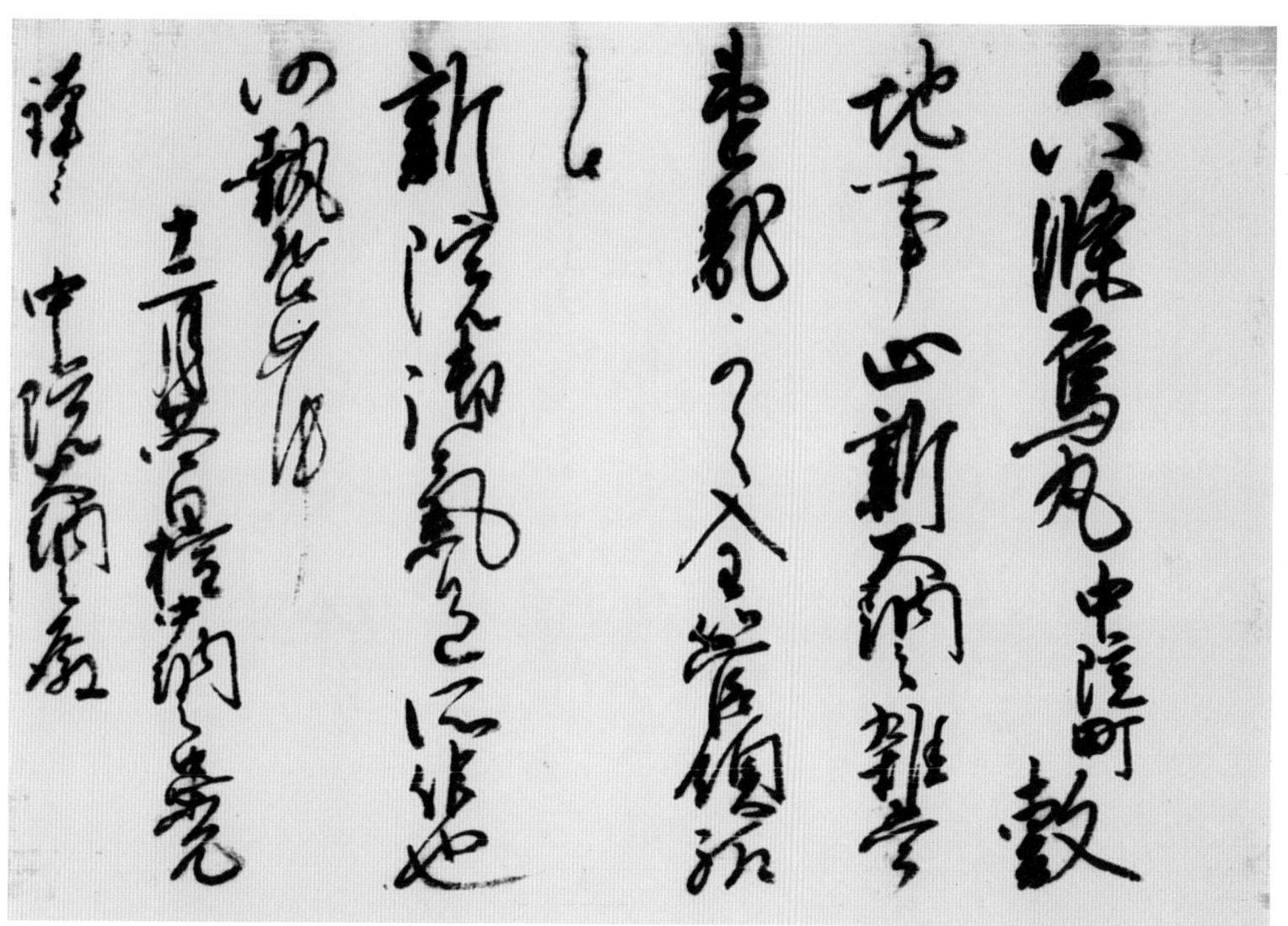

以源鳶丸中澄町
地事山新大納言難
渡御、〻〻入今菅僧流
新院へ申可之処
の歟なくや
三月其方信州に下向
謹言　中院大納言殿

三六 今川了俊遵行状（竪紙）

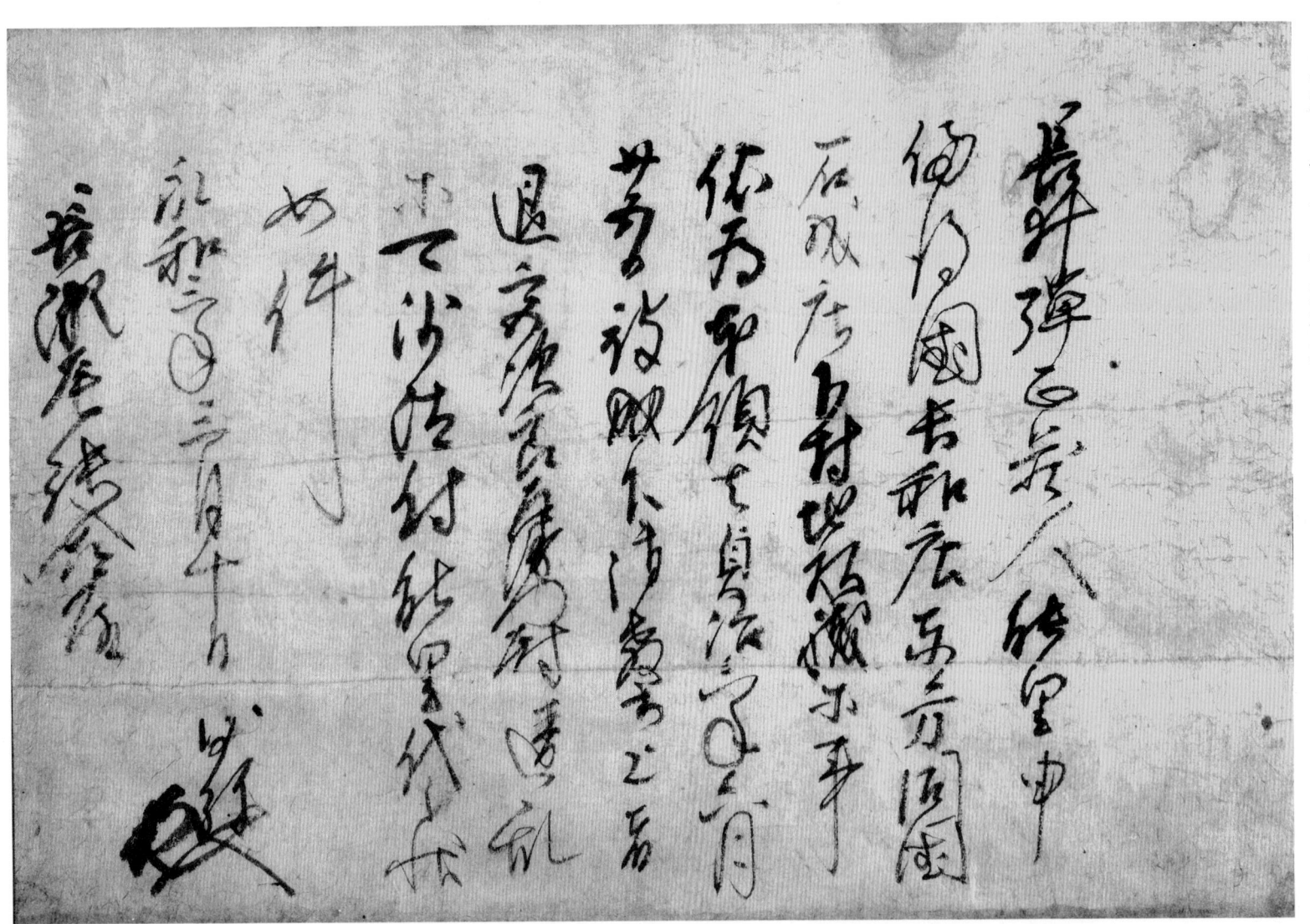

三七 河野通義寄進状（竪紙）

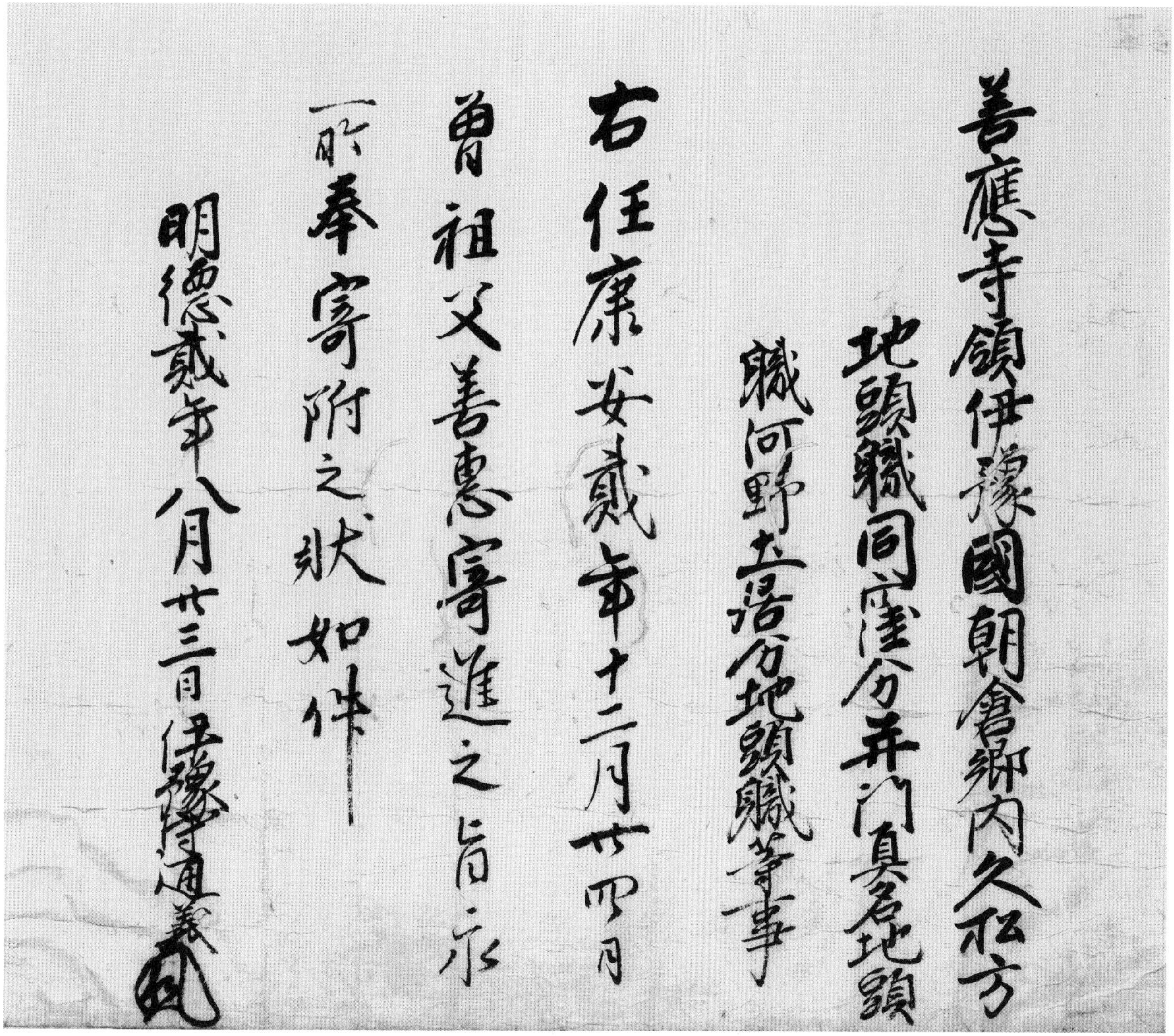

善應寺領伊豫國朝倉郷内久松方
地頭職同窪分并門真名地頭
職河野五郎分地頭職等事

右任康安貳年十二月廿四日
曽祖父善惠寄進之旨永
所奉寄所之狀如件

明德貳年八月廿三日 伊豫守通義（花押）

三八　足利義満御判御教書（竪紙）

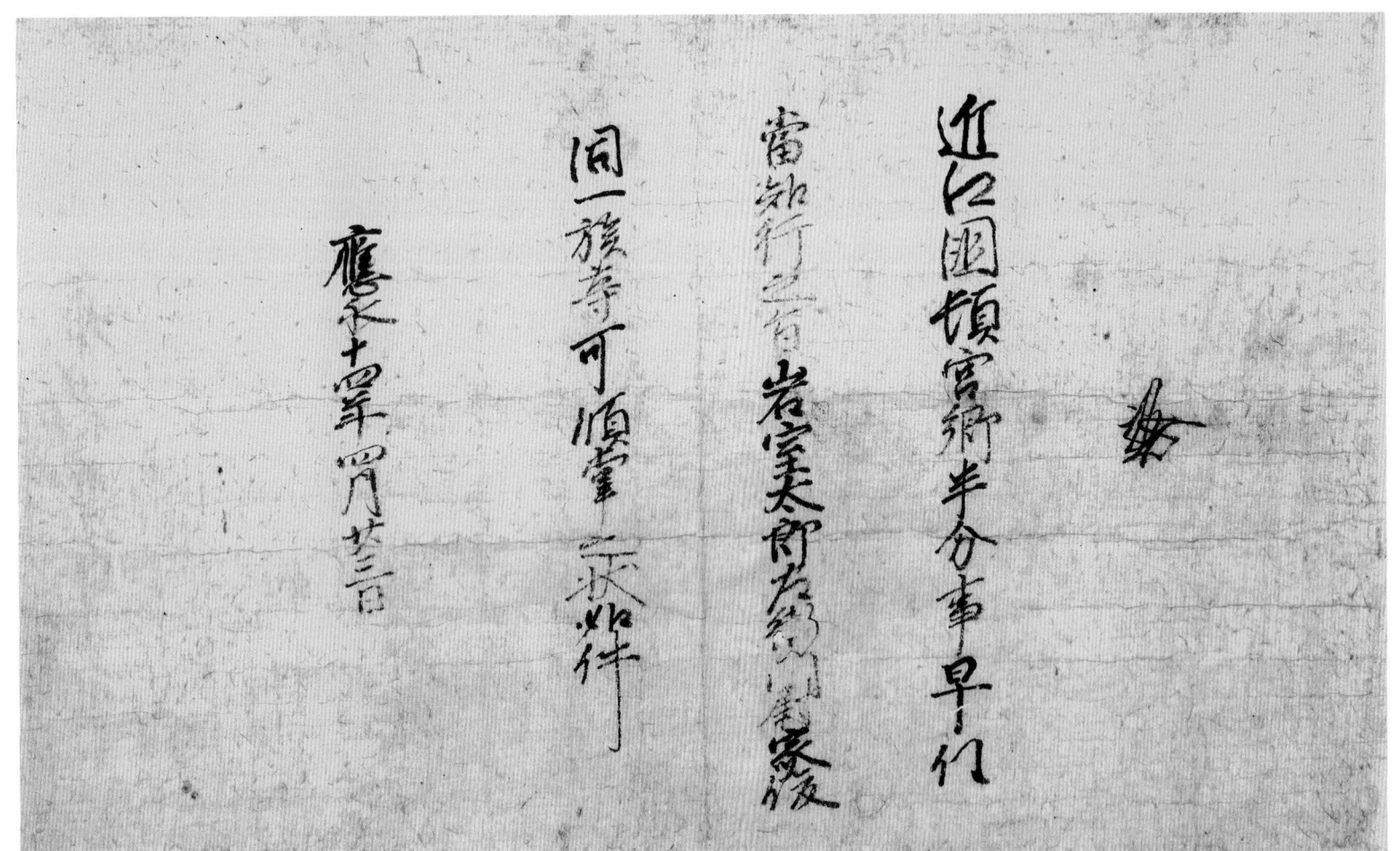

近江國頓實御半分事早く
當知行之旨岩室太郎左衛門尉家俊
同一族等可順當之状如件

應永十四年四月廿三日

三九 細川頼之自筆書状（竪紙）

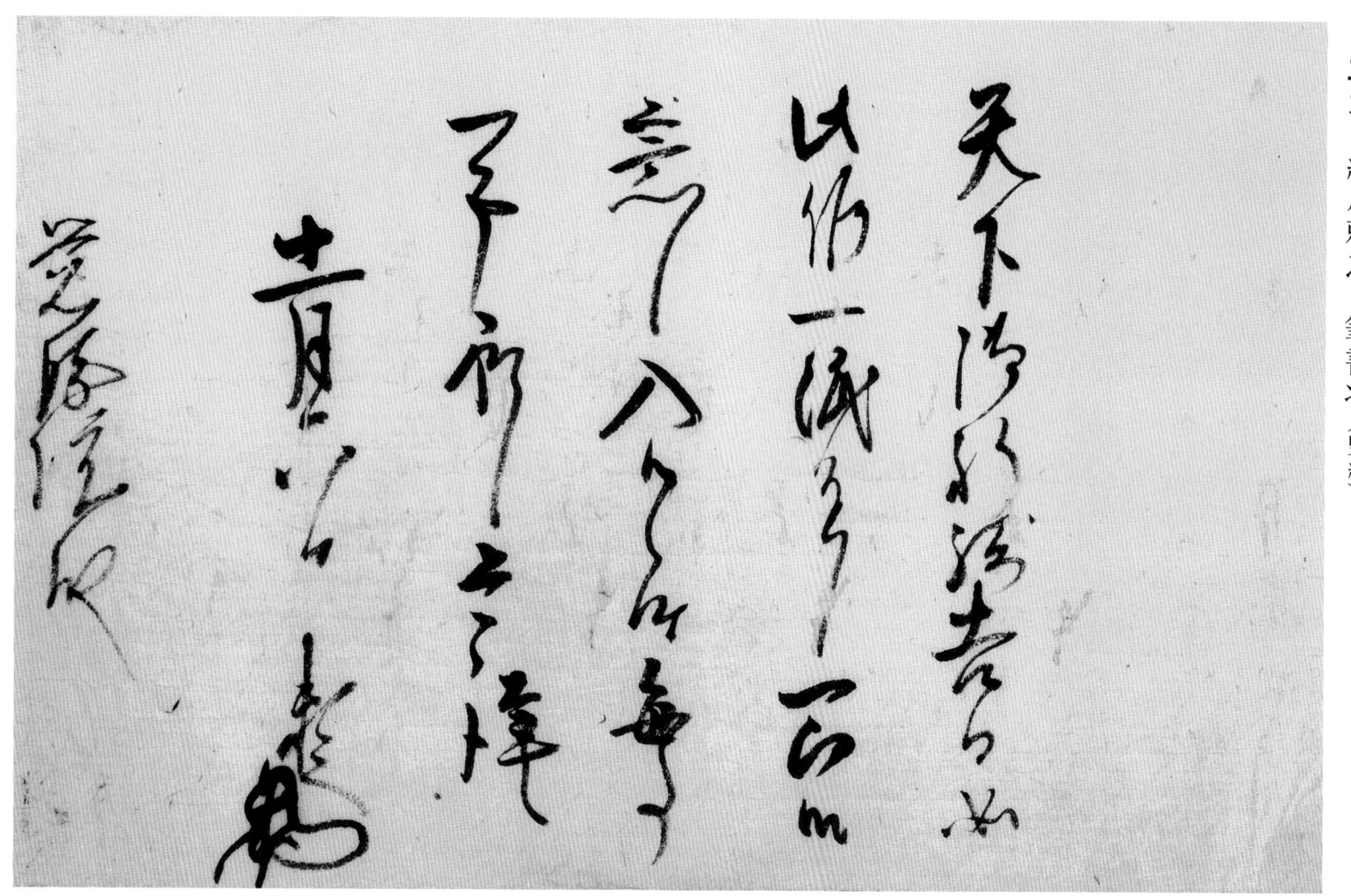

四〇 室町幕府下知状（竪紙）

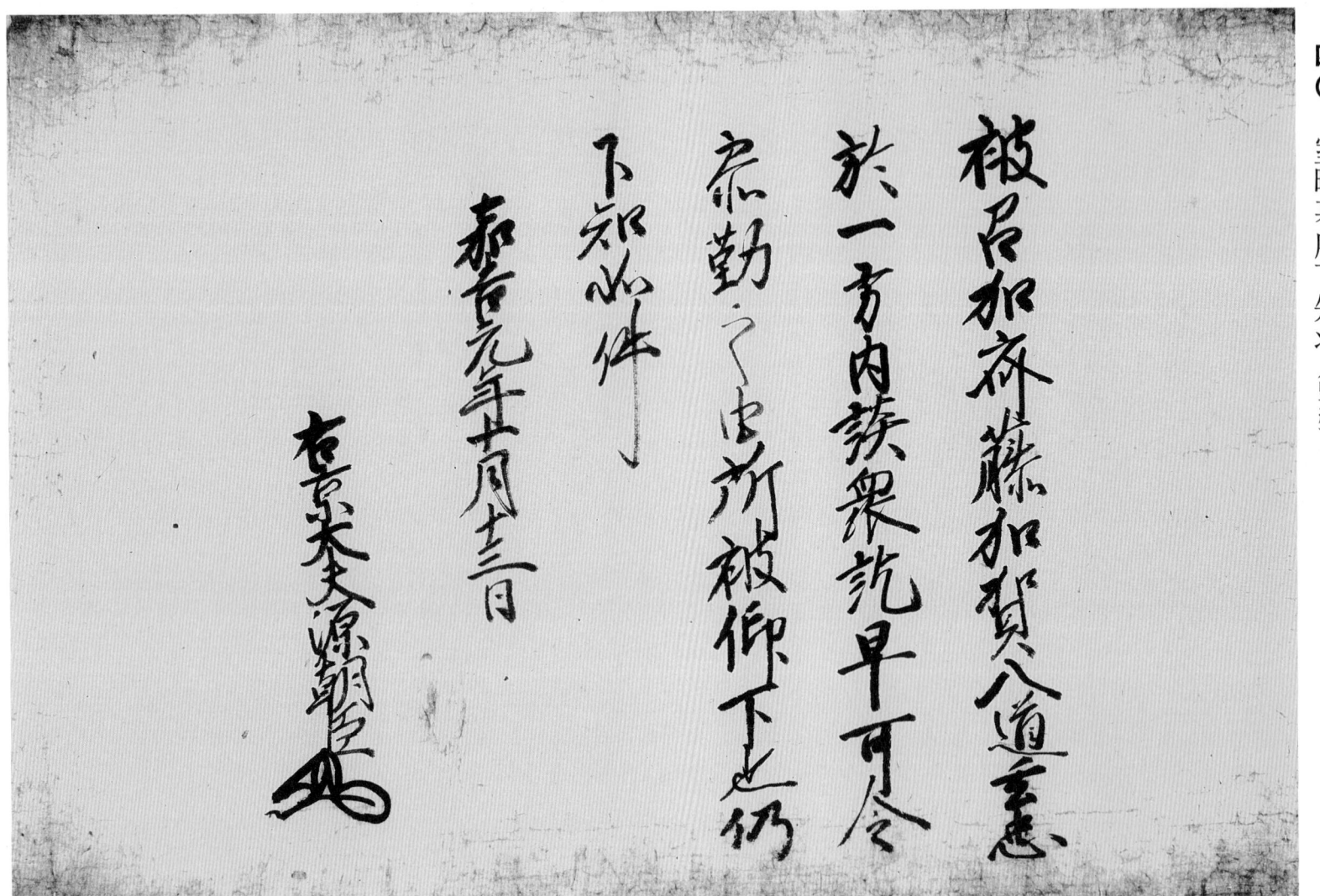

被召加府藤加賀入道重慧
於一方内蒙衆訟早可令
宗勤之由所被仰下之状
下知如件

嘉吉元年十月十三日

左京大夫源朝臣（花押）

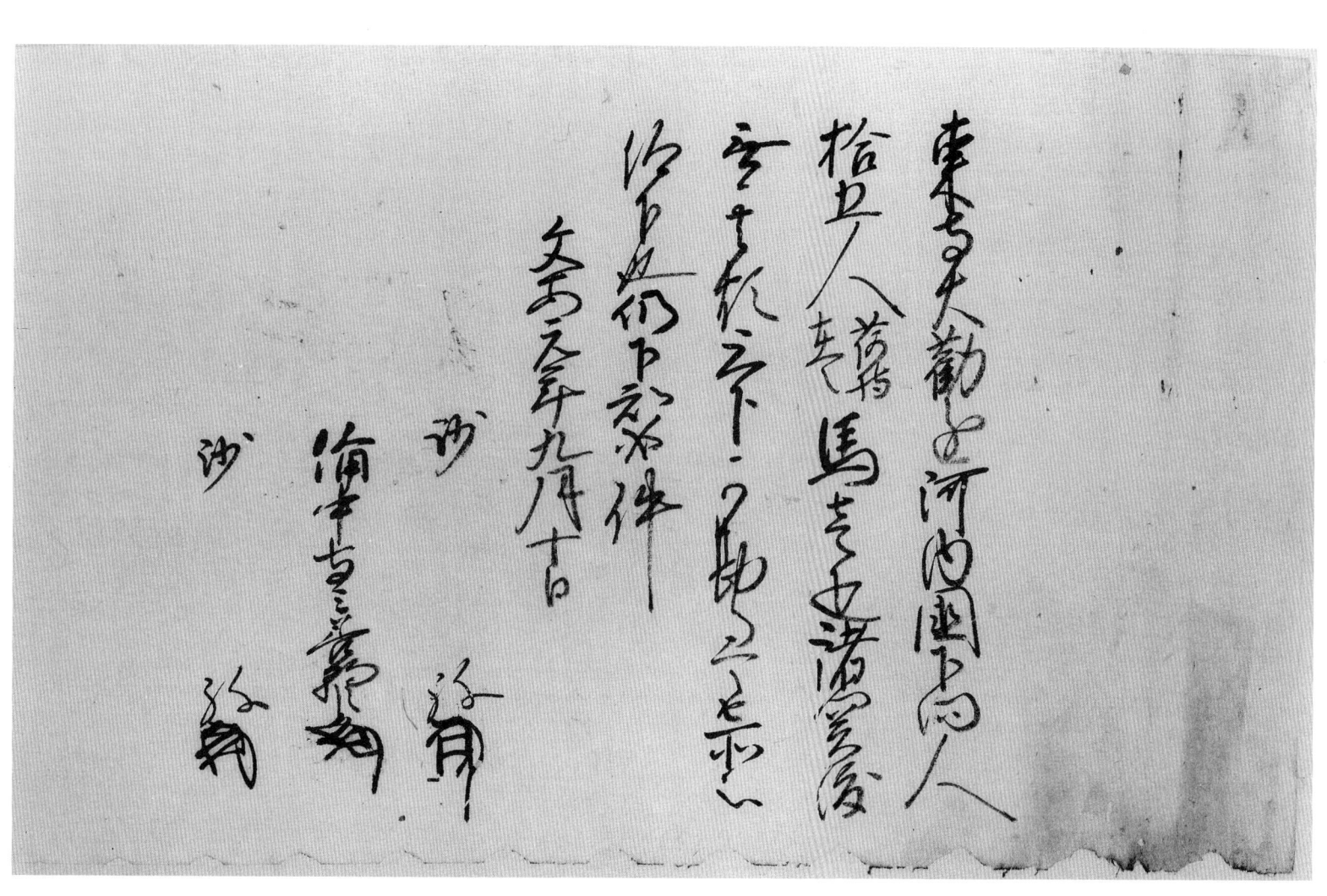

四一　室町幕府奉行人連署下知状（竪紙）

四二　道興准后代官職補任状（竪紙）

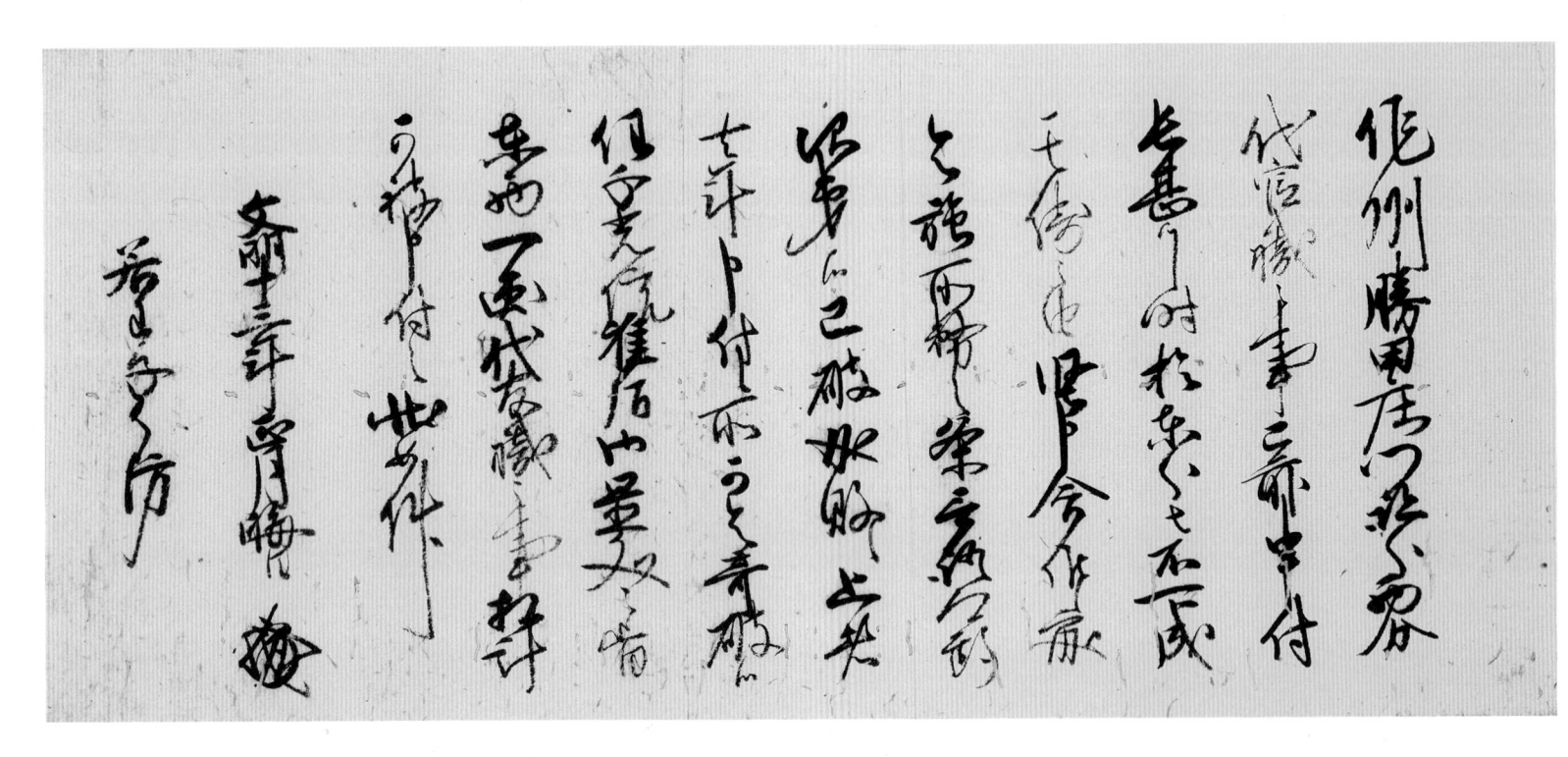

被売渡田地之事

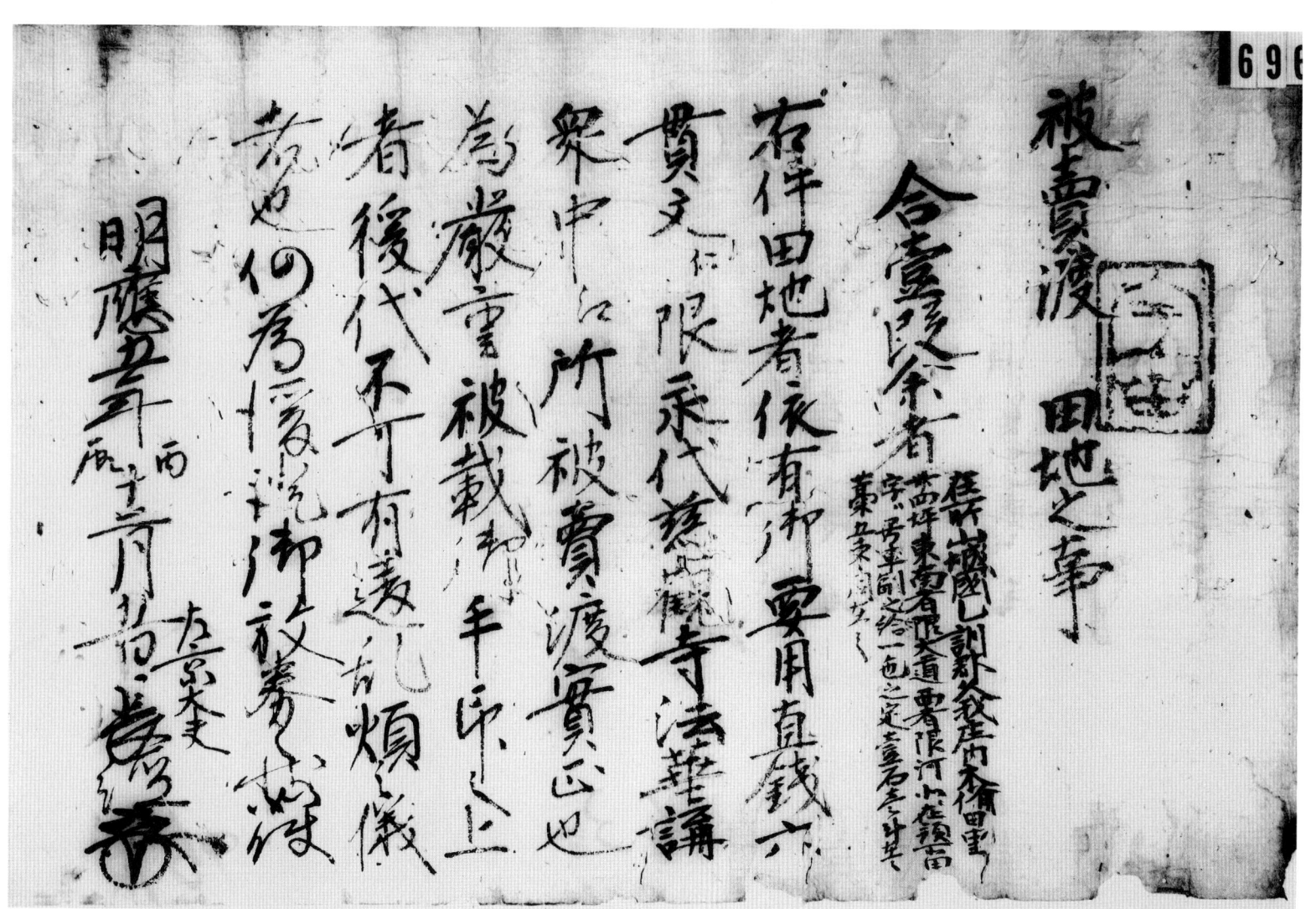

合壹段余者 在所山城国乙訓郡下久世庄内木脇田里
　　　　　　西坪東南壱段道西限河北佐兵衛
　　　　　　薗五菜同公へ

右件田地者依有柳要用直銭六
貫文ニ限永代慈眼院観寺法華講
衆中々所被売渡真正也
為厳重被載年号并手印上
者後代不可有違乱煩之儀
若何之者者可預御注勧之状
　　　　　　依如件

明応五年丙辰三月拾一日　左京大夫（花押）

四四 後柏原天皇綸旨（宿紙）

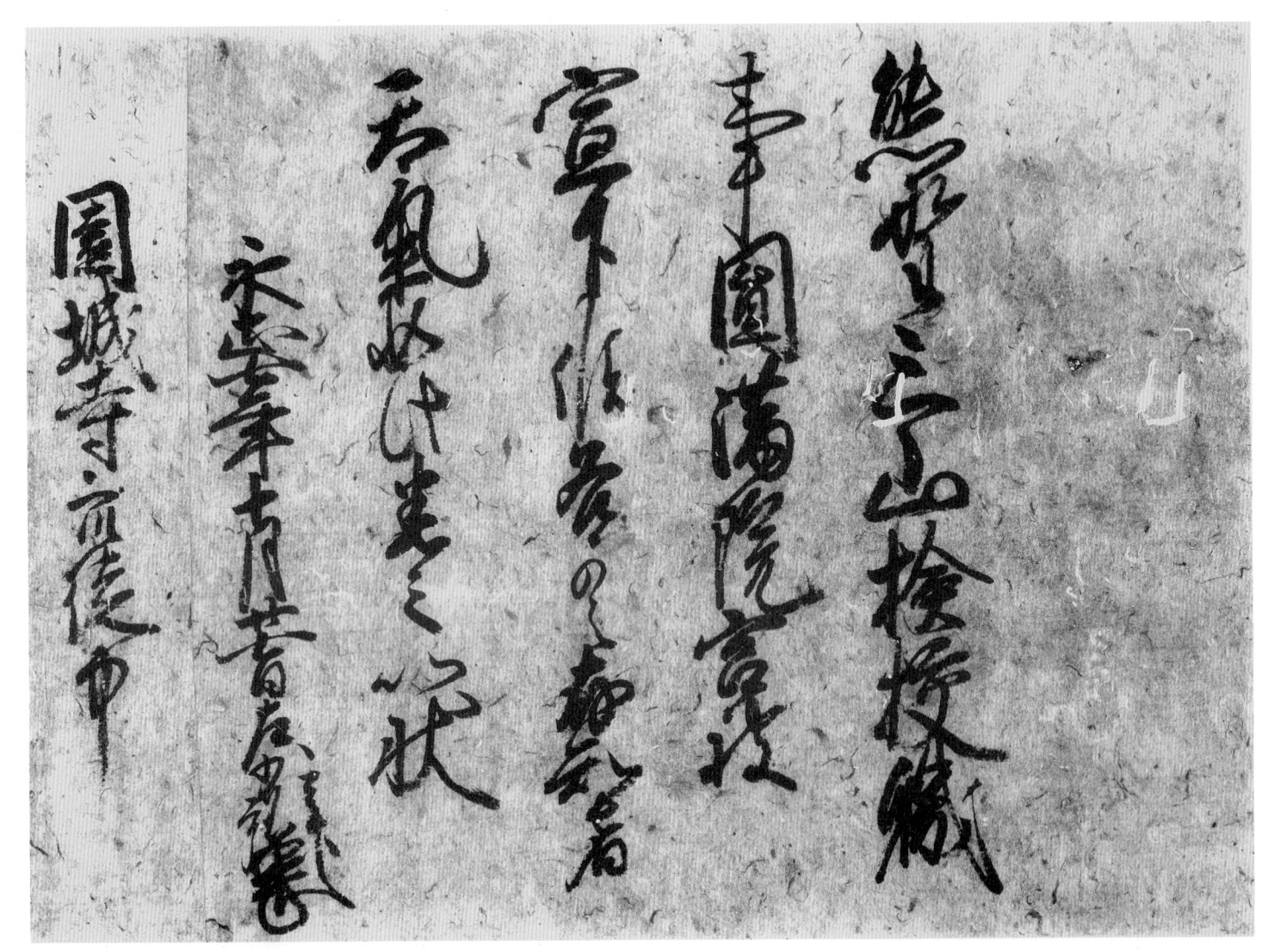

能舜上人正捨授職
事圓満院宮遵
宣下候者の旨令言
上候仍上啓如件
　　永正十年七月廿日　左中辨（花押）
園城寺　御使中

四五　伊達稙宗書状（切紙）

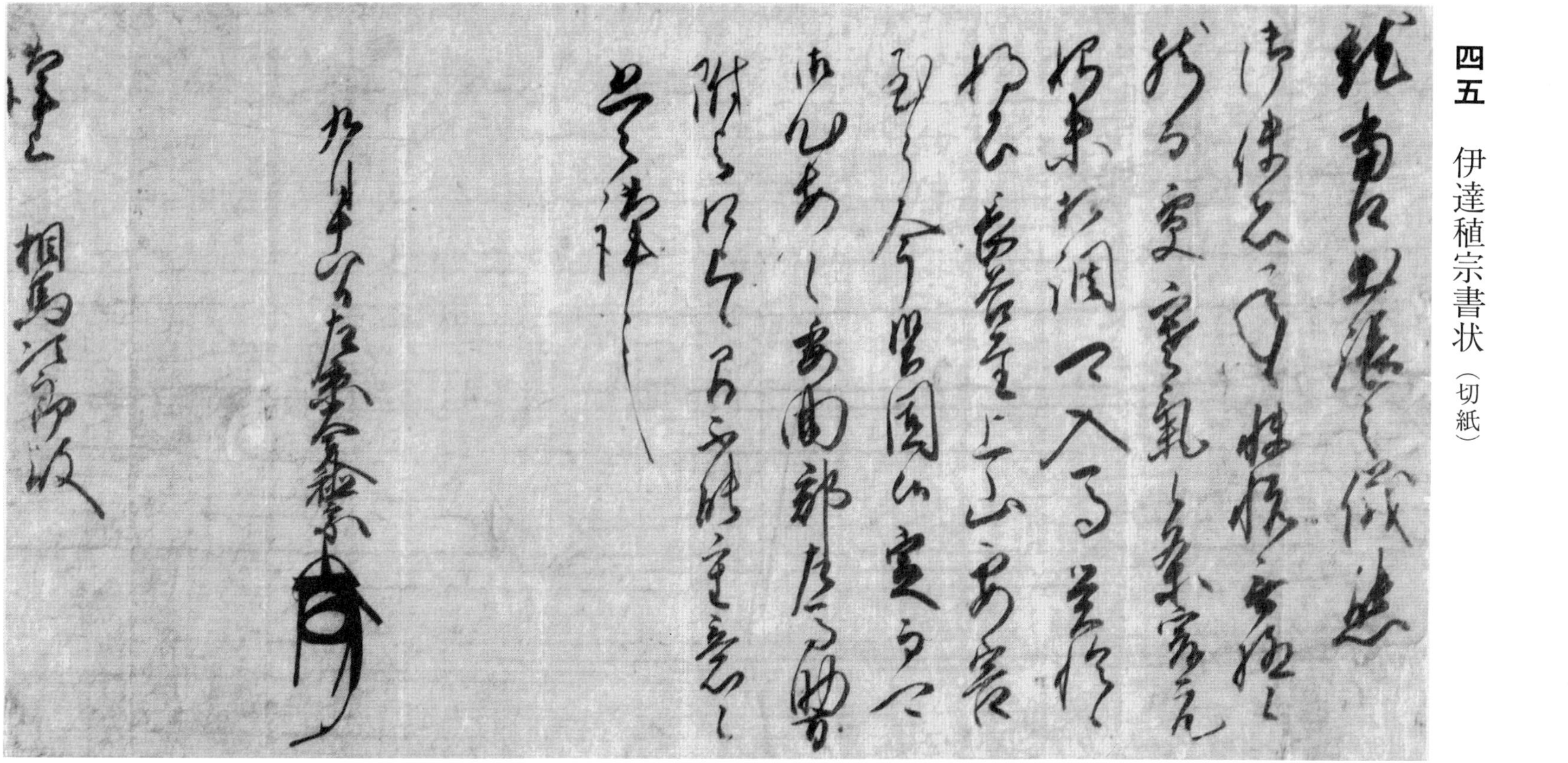

四六 菊池重治加冠状（竪紙）

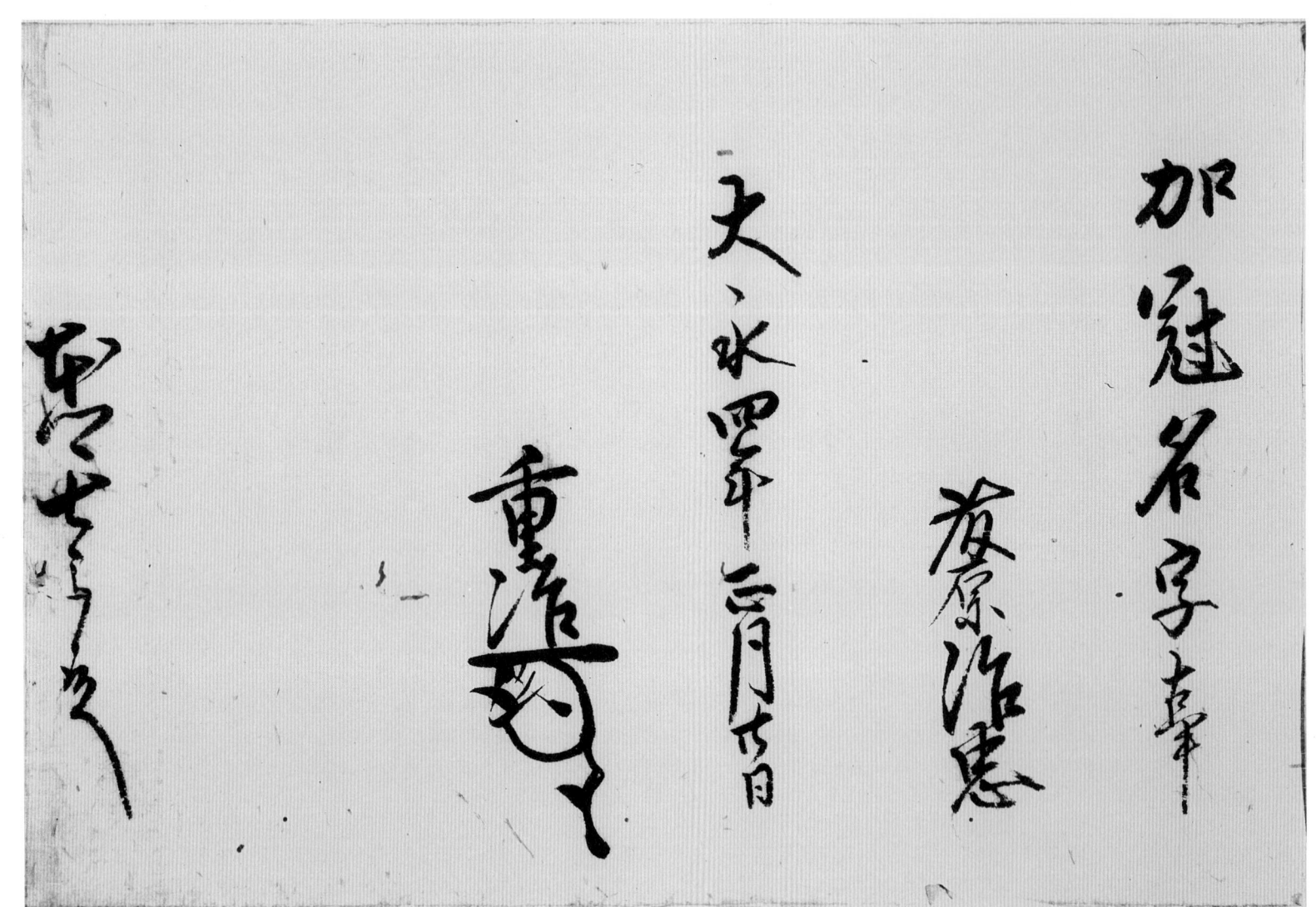

加冠名字事

天永四年二月廿日 沙弥治恵

重治

四七 近衛稙家申文

從七位上國造忌寸
　　　　望近江國
玄蕃〻給同三月以件忌寸
任俺爺大月而禰祖本任不
給府〻被改任件國
　　　狀所請如件

天文五年三月日　大炊允藤原朝臣稙家

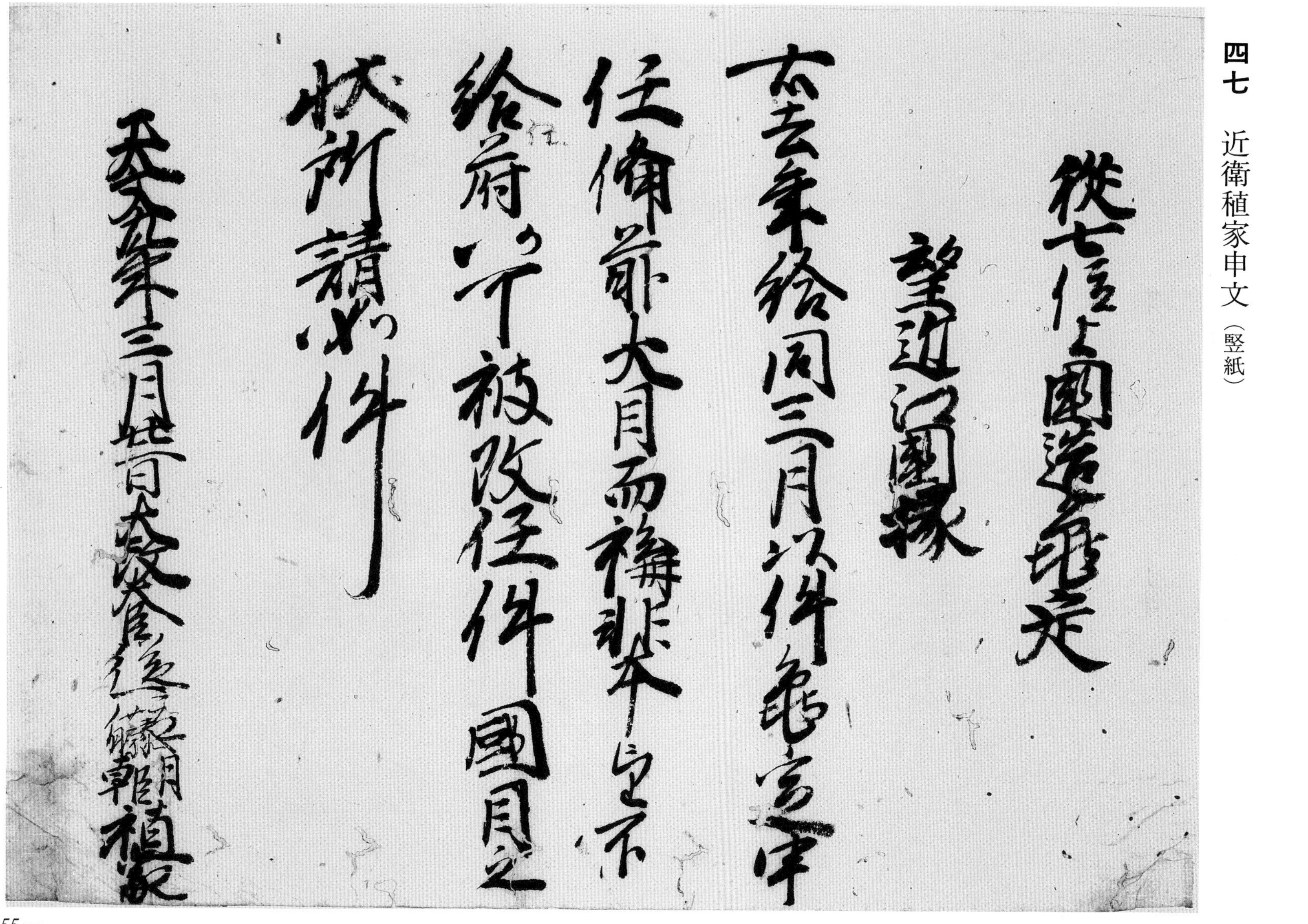

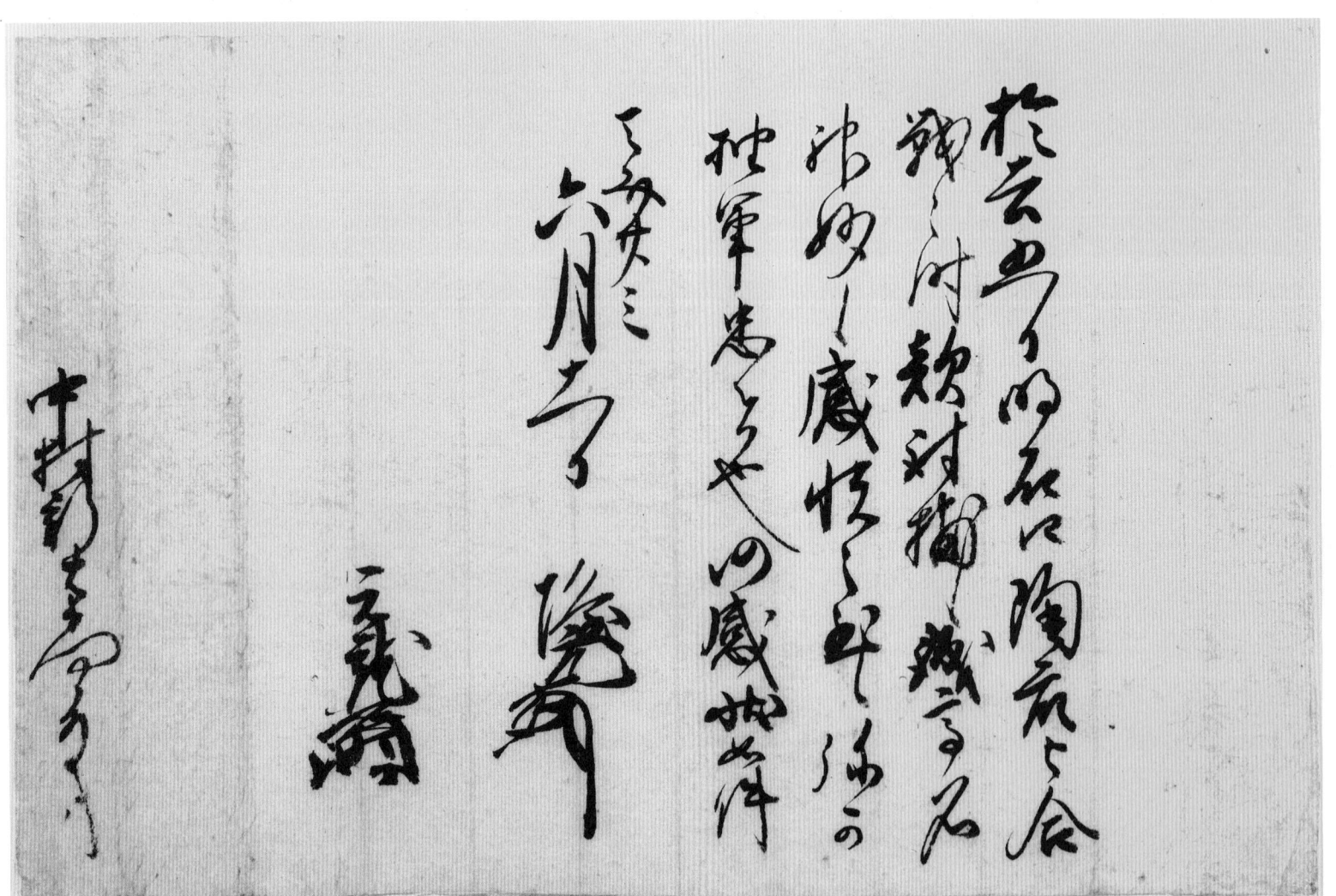

四八 毛利元就・降元連署感状（横切紙）

於芸州宮内表陶元と令
一戦対捕得候之段
神妙感悦之至候弥
軍忠之々口感状件

三吉父三
六月六日　隆元（花押）

三吉父三
　　　　元就（花押）

中村新兵衛尉とのへ

四九 今川義元判物（知行宛行）（竪紙）

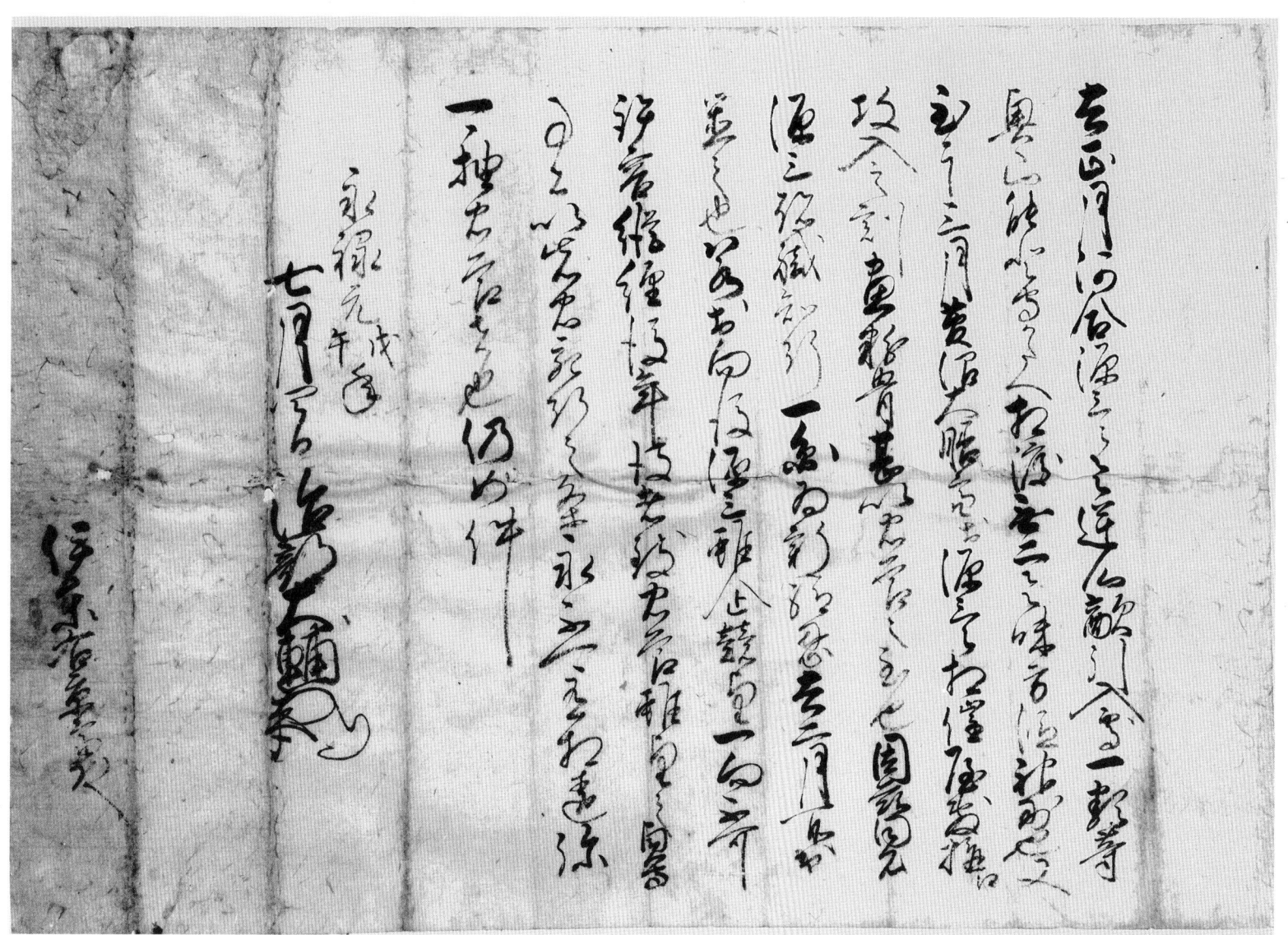

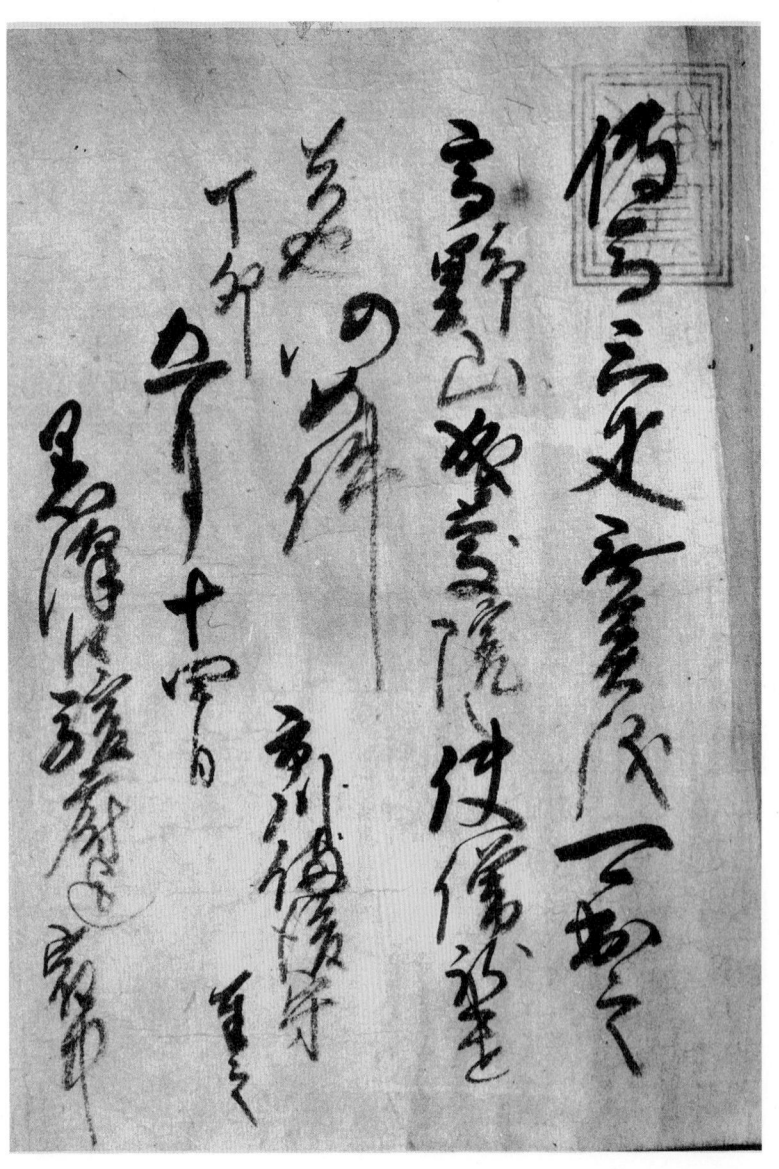

五〇 武田氏伝馬手形（竪切紙）

五一 織田信長制札（木製高札）

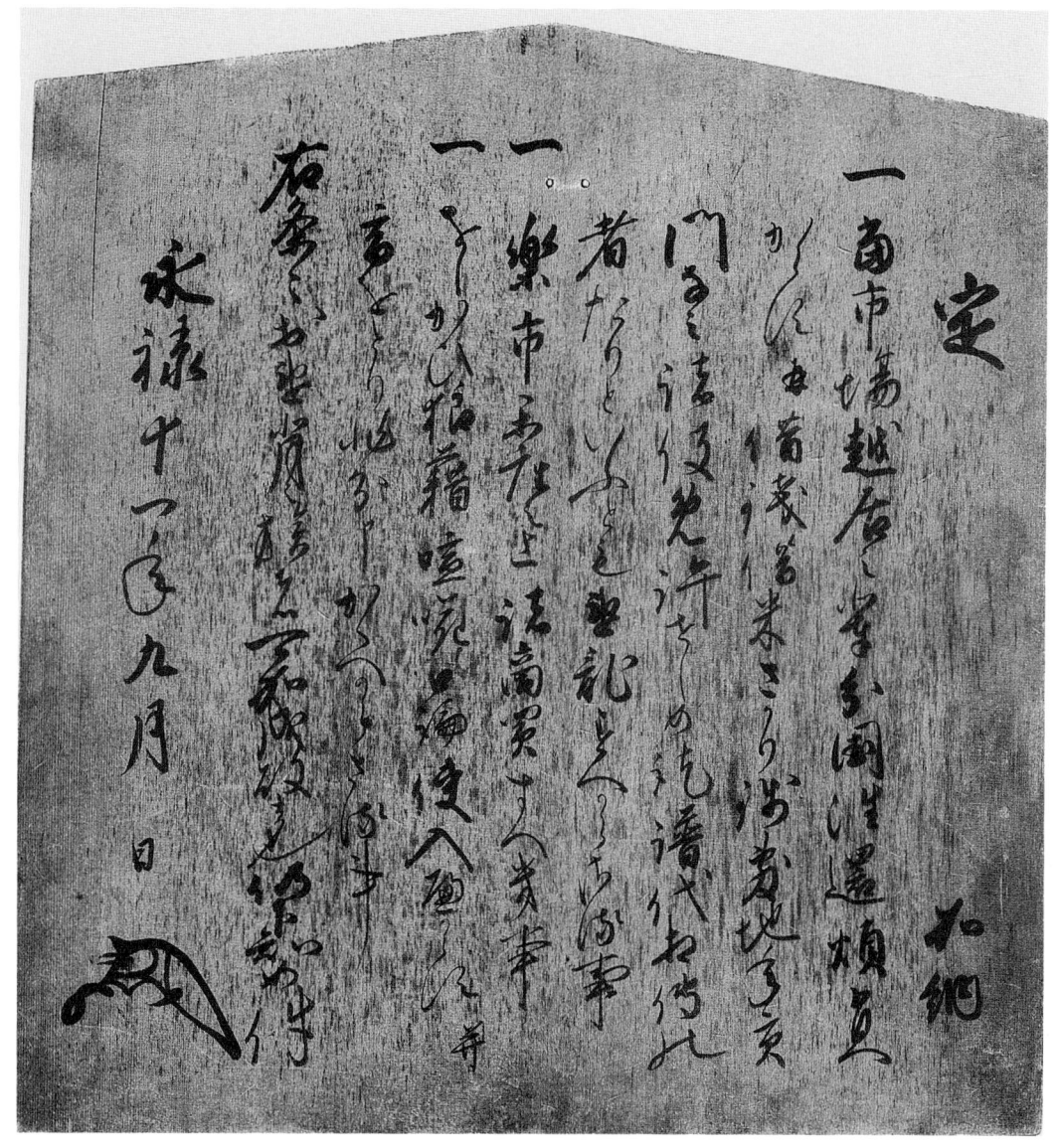

定　　　　　　　　　　　加納
一当市場越居之者、分国往還煩有
へからす、并借銭・借米・さかり銭・敷地年貢
門なミ諸役免許せしめ訖、譜代相伝の
者たりといふとも、違乱すへからさる事
一楽市楽座之上、諸商買すへき事
一をしかひ・狼藉・喧嘩・口論・使入へからす、并
宿をとり非分かけへからさる事
右条々、於違背之族者、可加成敗者也、仍下知如件
永禄十一年九月　日（花押）

五二　北条氏裁許朱印状（竪紙）

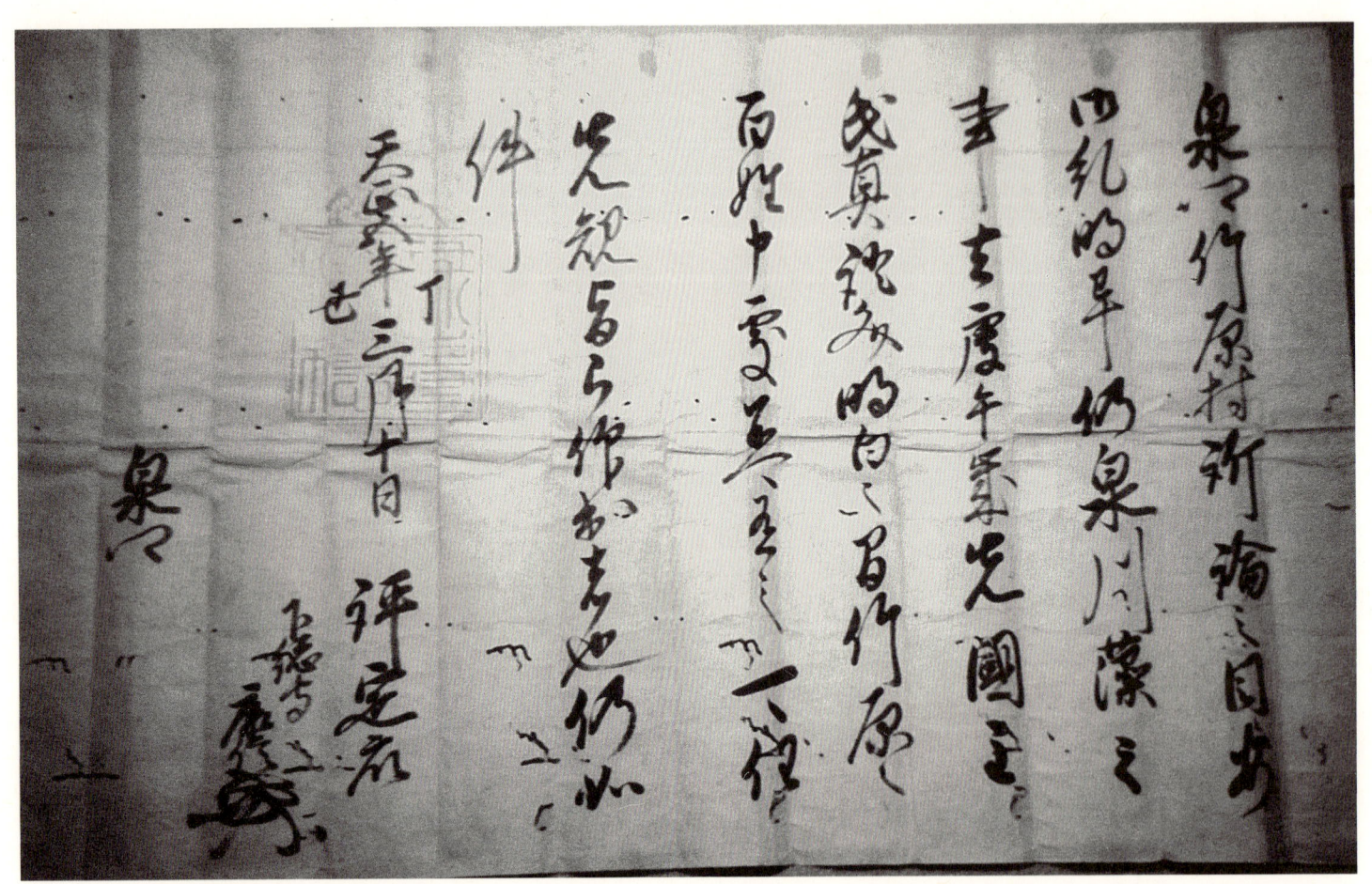

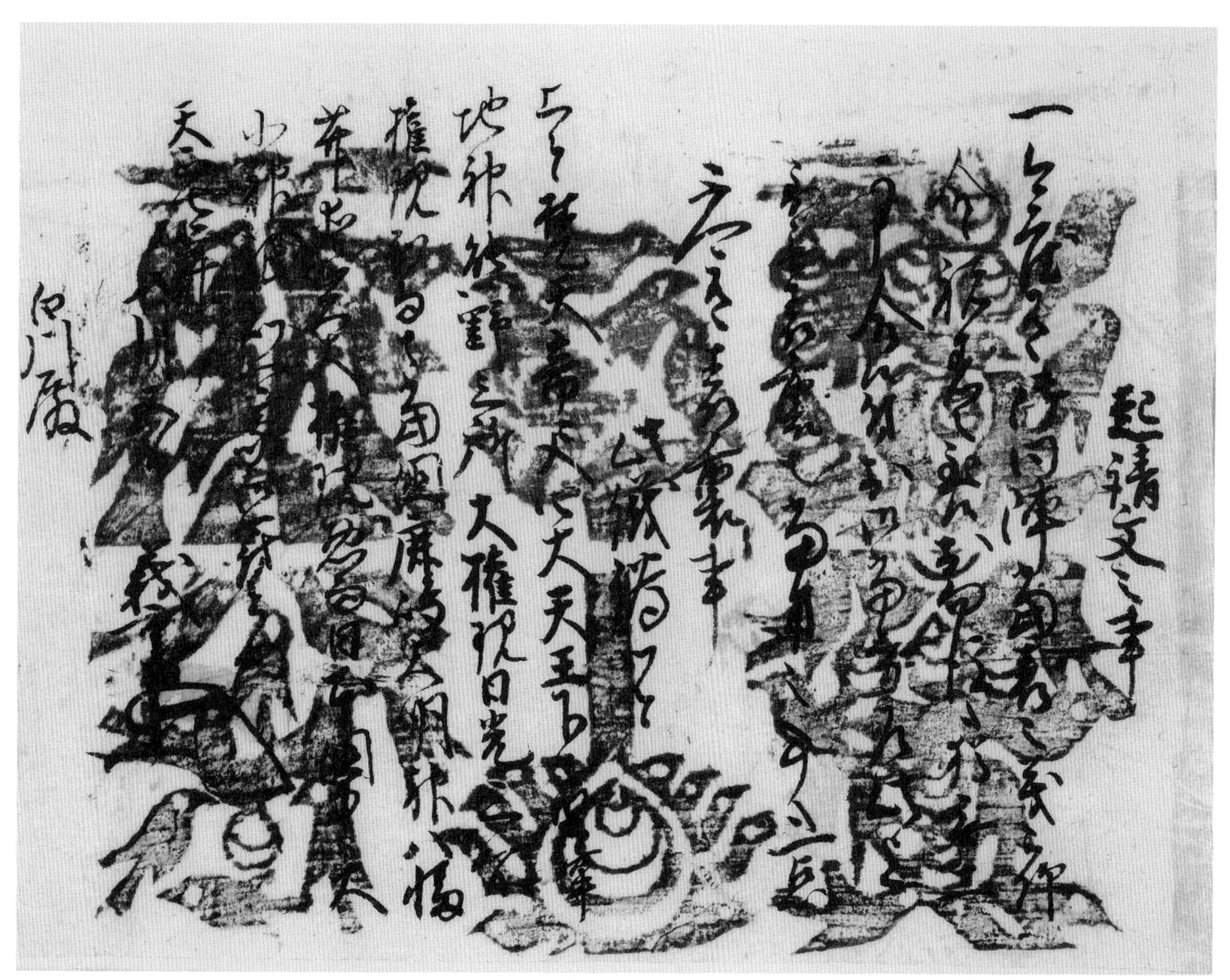

五三 佐竹義重血判誓詞（牛王宝印紙裏）

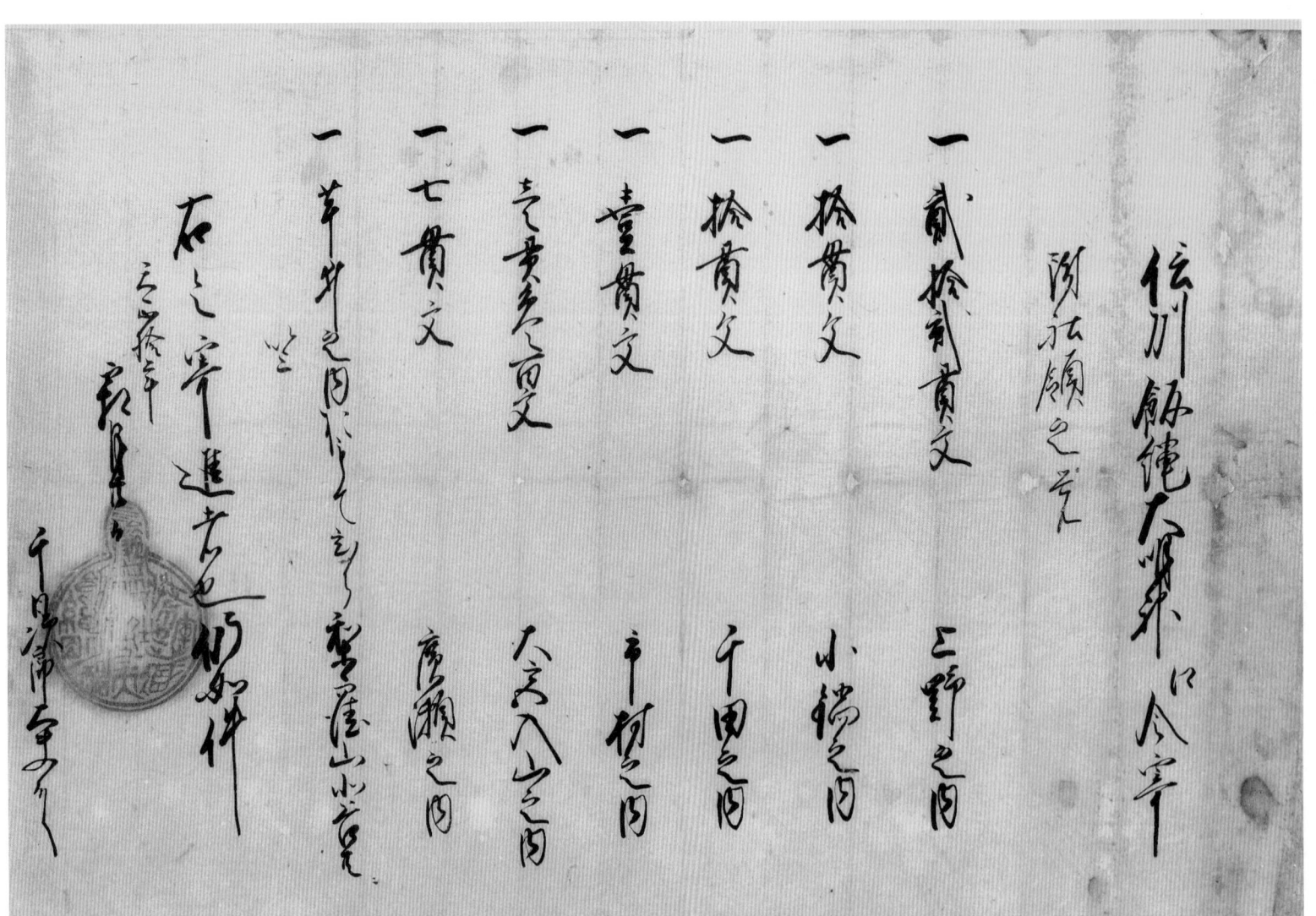

五四 上杉景勝印判状〔社領寄進〕（竪紙）

伊川領仁科大明神に令寄

附仕領之事

一 貳拾貫文　　上野之内
一 拾貫文　　　小楢之内
一 拾貫文
一 壹貫文　　　千田之内
一 壹貫文　　　市村之内
一 壹貫弐百文　大豆入山之内
一 七貫文　　　廣瀬之内
一 半弐拾之内にをゐて竈屋山小竃

　　　　　　　事

右之寄進之旨可被相抱件
　　　　　　之状如件
　　　寅正月　　　　　　（花押）

五五 豊臣秀吉法度（大高檀紙）

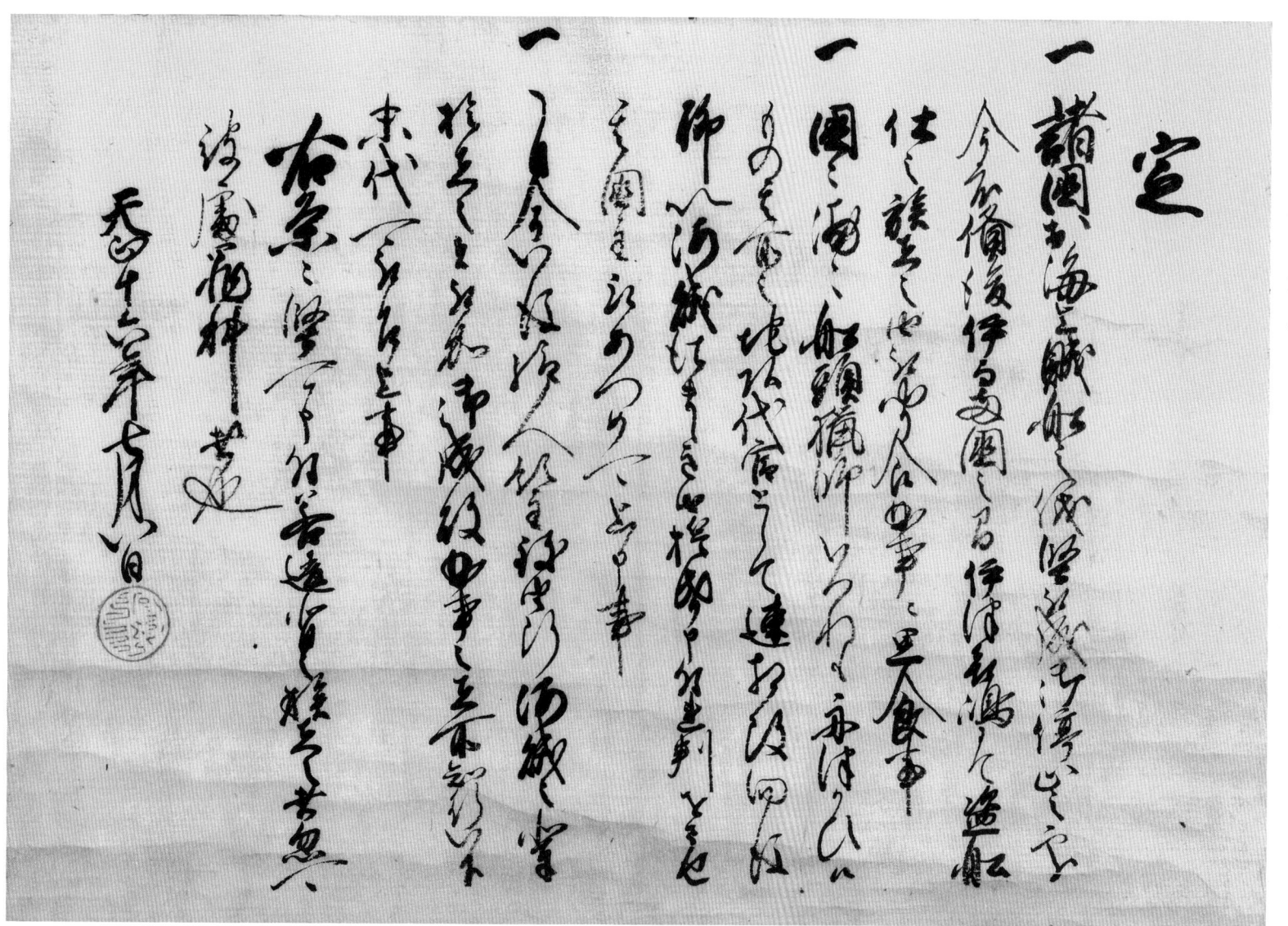

定

一、諸国海上において賊船の儀、堅く御停止たり、然る処、今度伊予国・伊岐・津嶋に至るまで相聞え、御船を仕り族ある由、言語道断曲事に思召さるゝ事、

一、国々津々浦々に於て、船頭猟師いづれも其所の地頭代官として、急度相改め、向後、聊かも海賊仕間敷旨誓紙申付け、国主として御高札之相立つべき事、

一、自今以後、給人他所へ罷出、海賊仕るに於ては、其者の事は勿論、其地頭代官迄其断なき様に、曲事申付らるべし、其所知等末代召上げらるべきの事、

右条々、堅く申付らるゝ条、若し違犯の族これあるに於ては忽ち厳科に処らるべき者也、

天正十六年七月 日（朱印）

五六 醍醐寺義演自筆願文（竪紙）

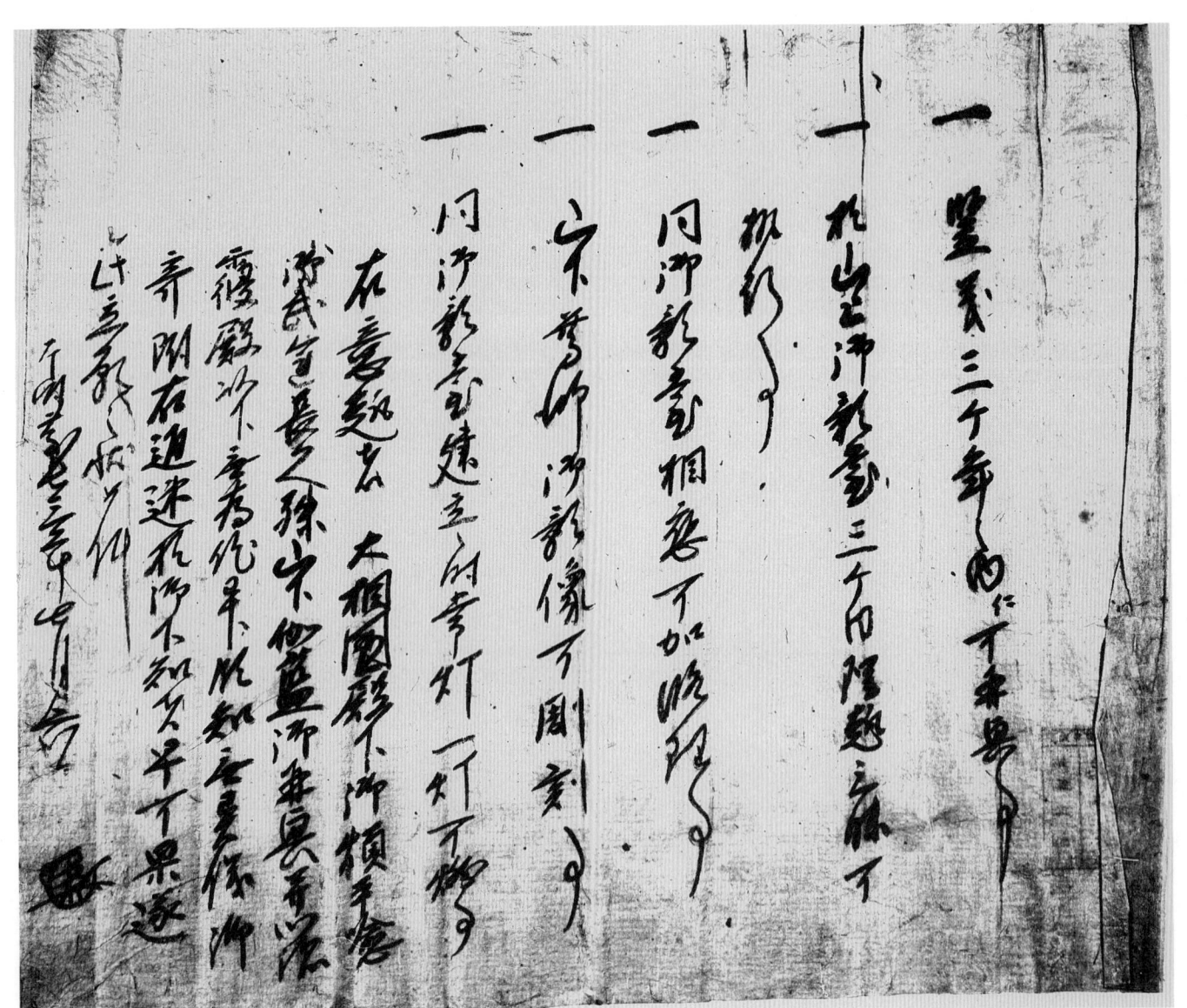

五七　徳川家康直書（元折紙）

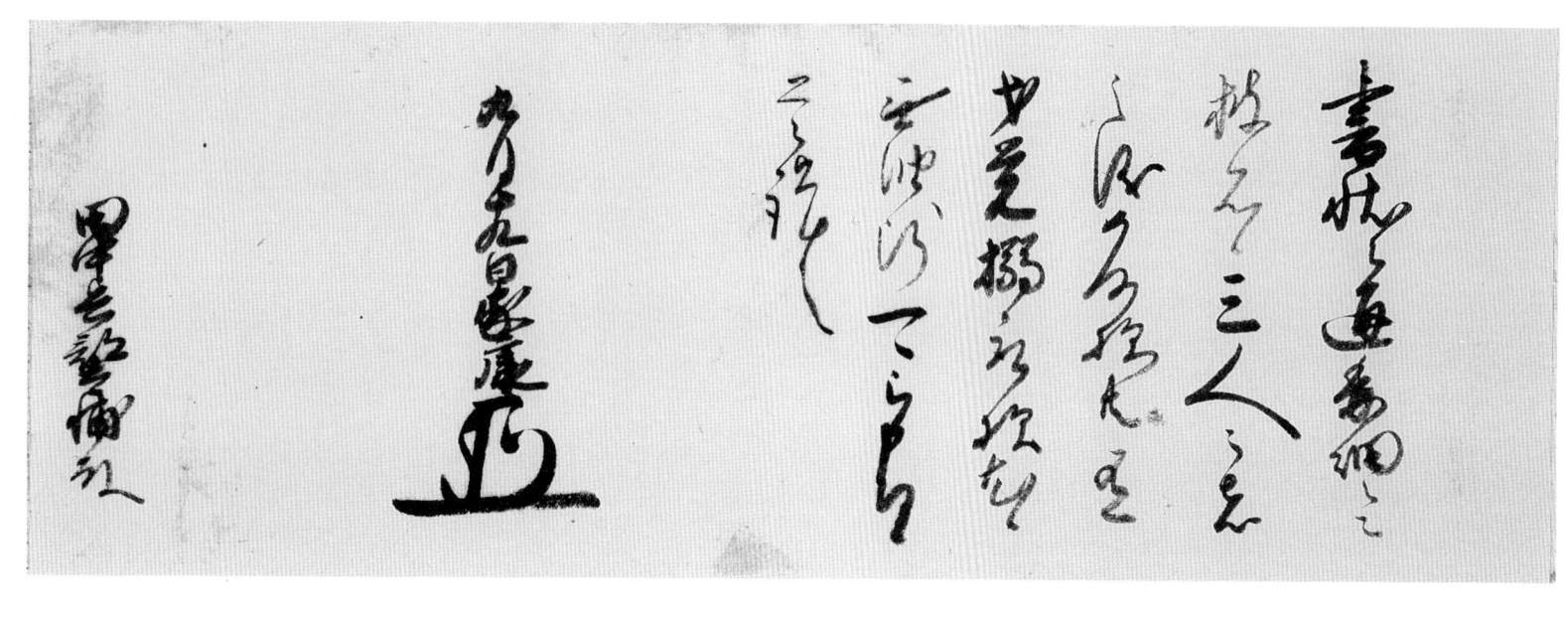

書状令披見候
殊松木三人之者
差越祝著候
猶是拙者可進之
令啓候　以上

　　　　　　　　　右京大夫
　　　　　　　　　　　家康（花押）
甲三五調庵御坊

五八 徳川秀忠朱印状〔蝦夷交易定〕（大高檀紙）

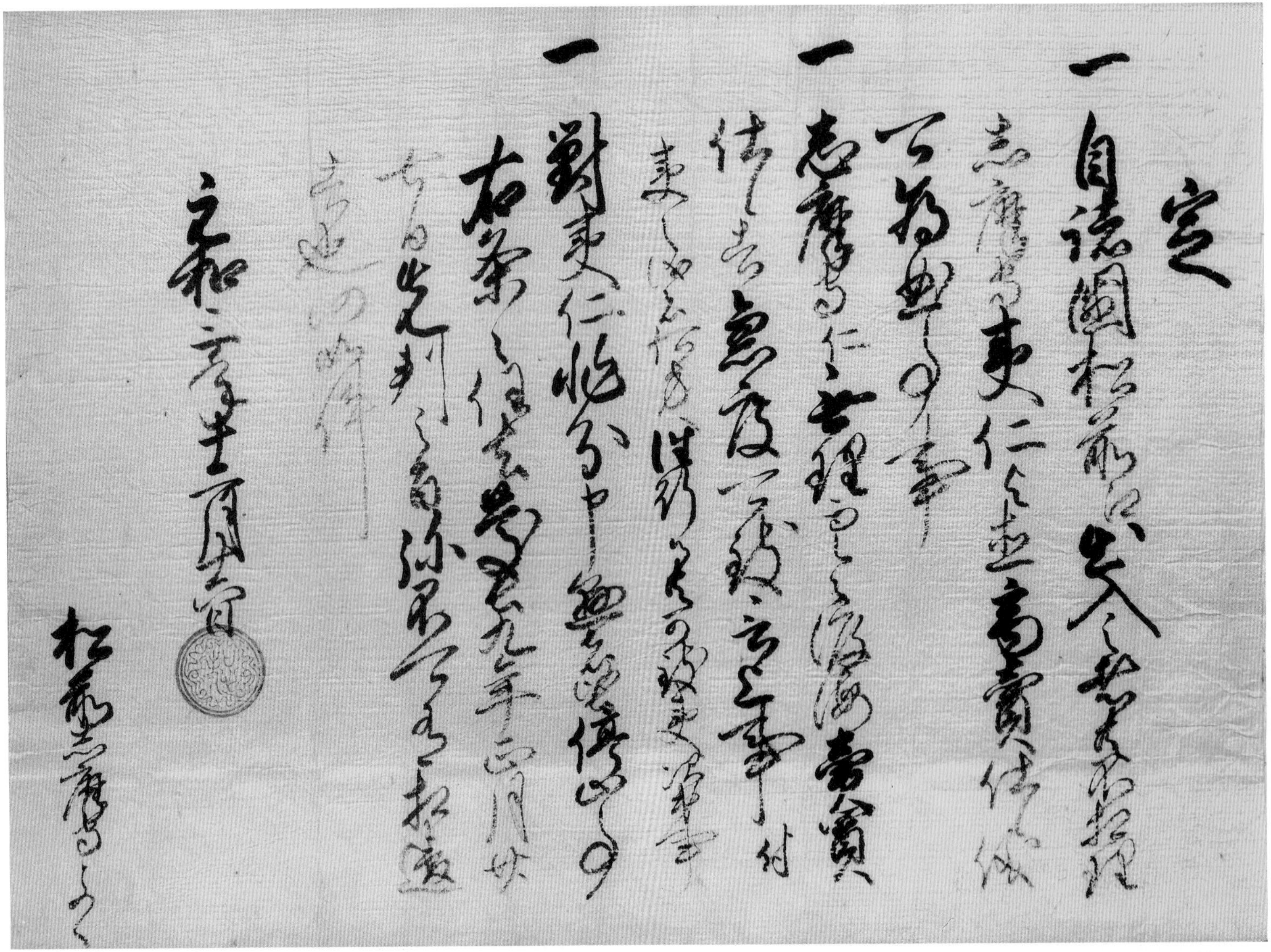

定

一 自諸國松前へ出入之者共、志摩守ニ無断、夷仁と直ニ商賣仕候儀、堅為無用事

一 志摩守ニ無断而夷ニ地發事、付而、夷仁之地何方江往行候共、夷次第之事

一 對夷仁、非分申懸族、堅為停止事

右条々於相背者、可被處厳科者也、仍如件

慶長九年正月廿七日（朱印）

松前志摩守とのへ

五九 鍋島勝茂軍役帳（竪帳袋綴一冊）

（古文書の画像につき、翻刻は省略）

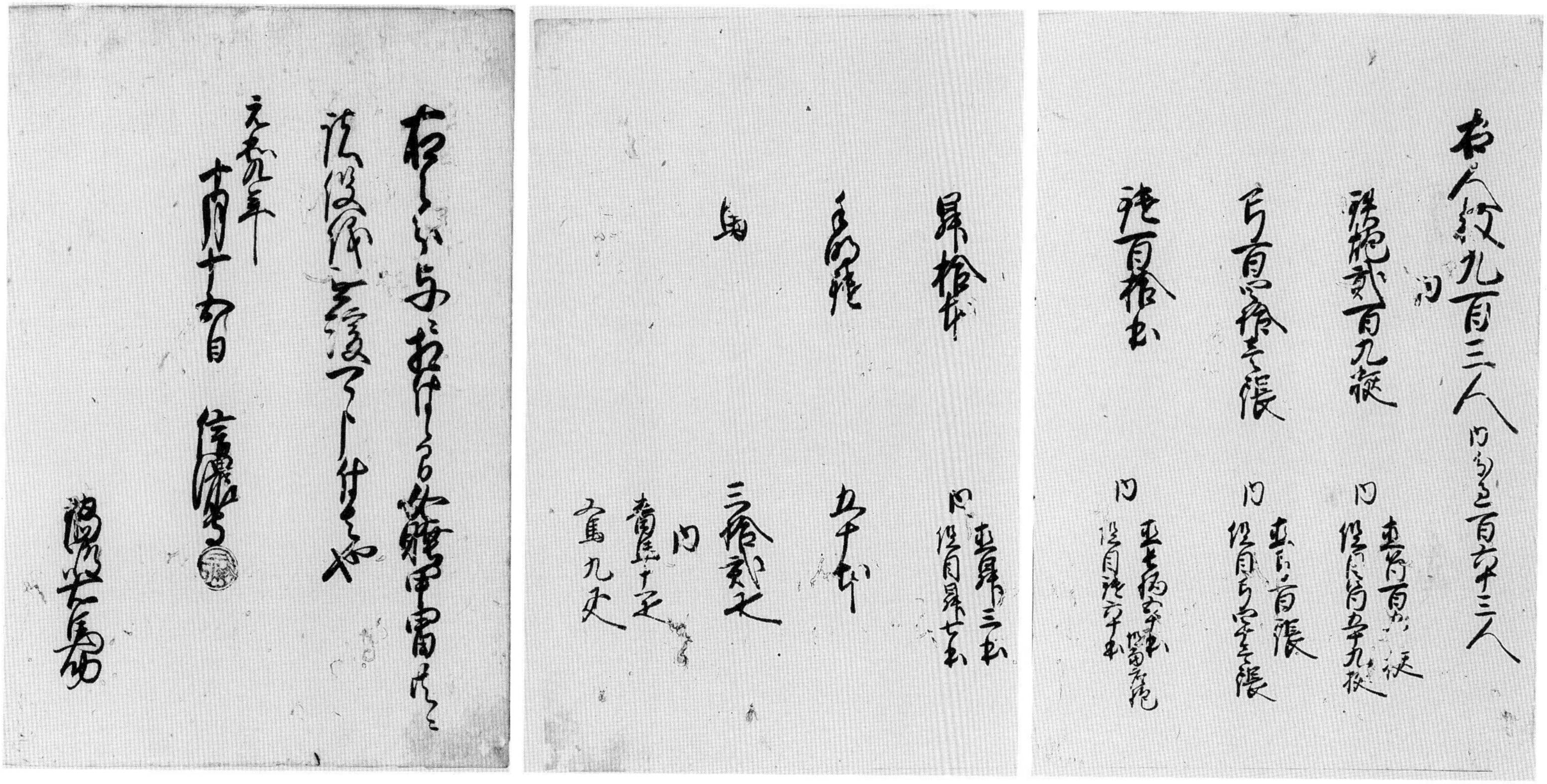

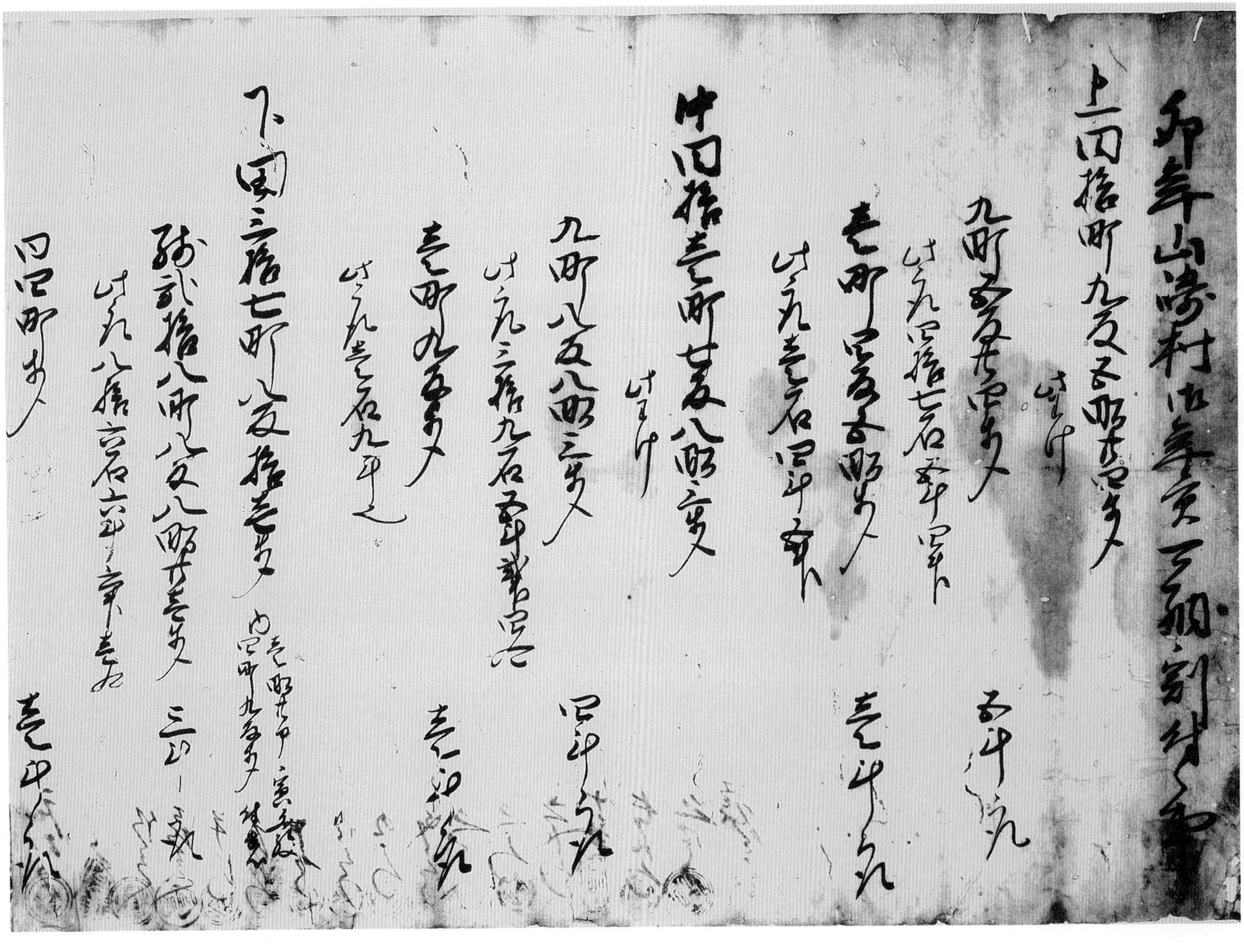

六〇 下総国山崎村年貢割付状（続紙）

此代四石之

上畠九町壱反四畝拾七歩　八石五斗四升
此代八貫百拾四文
中畠拾弐町七反七畝拾八歩　七拾五斗七升
此代九貫五百八拾弐文
下畠弐拾町三反四畝拾壱歩
此拾之外
新弐拾町三反三畝六歩
此代拾三貫弐百弐拾弐文
屋敷三町八反八畝弐歩　百石五升
此代三貫八百八拾壱文
本合百八拾壱石七斗五升
永合三拾四貫七百九拾七文
右如此相定上者、来年十六日ニ
當流

以下

元和三年卯
九月廿八日　伊丹

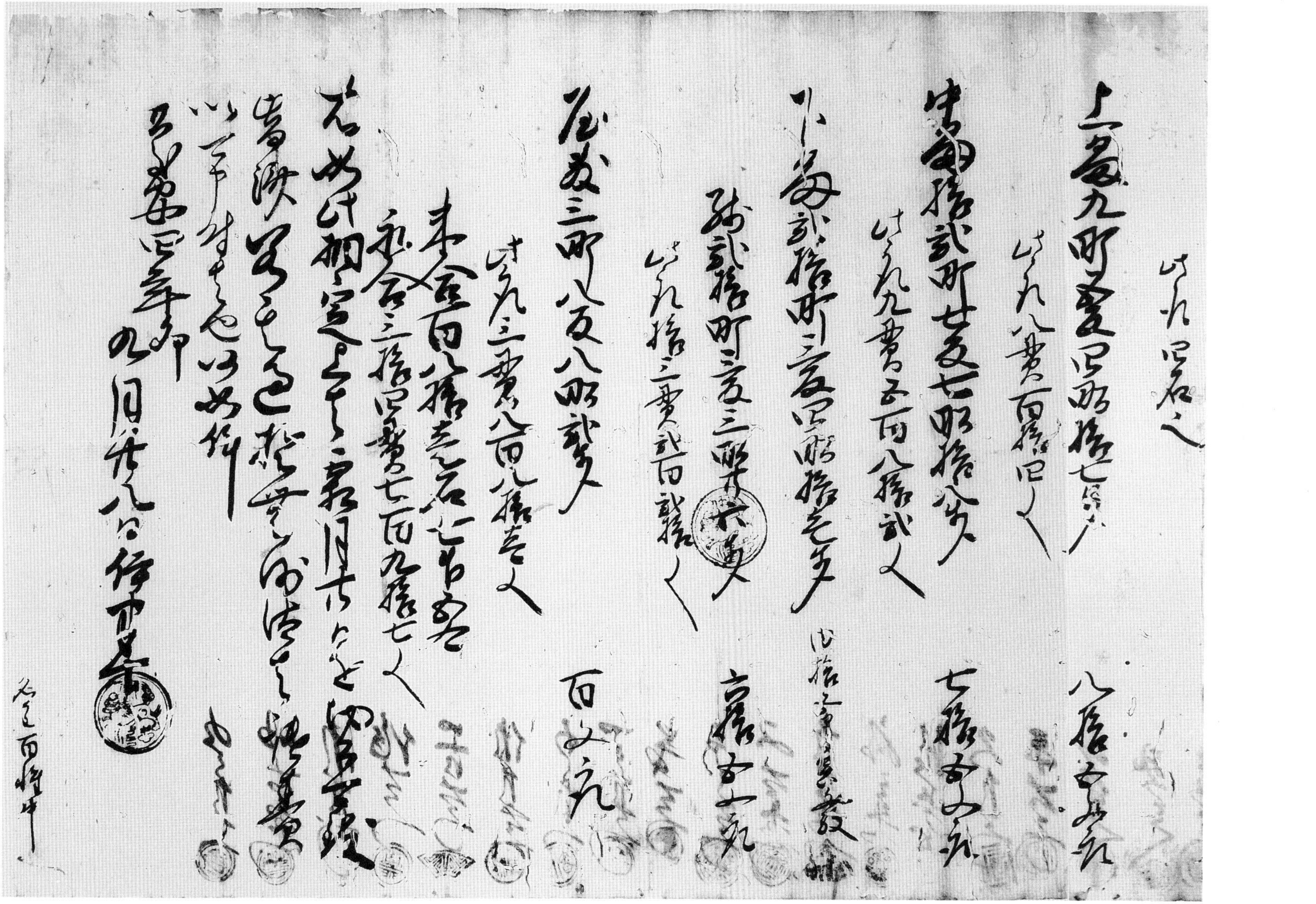

六一　江戸幕府老中連署状（折紙二紙）

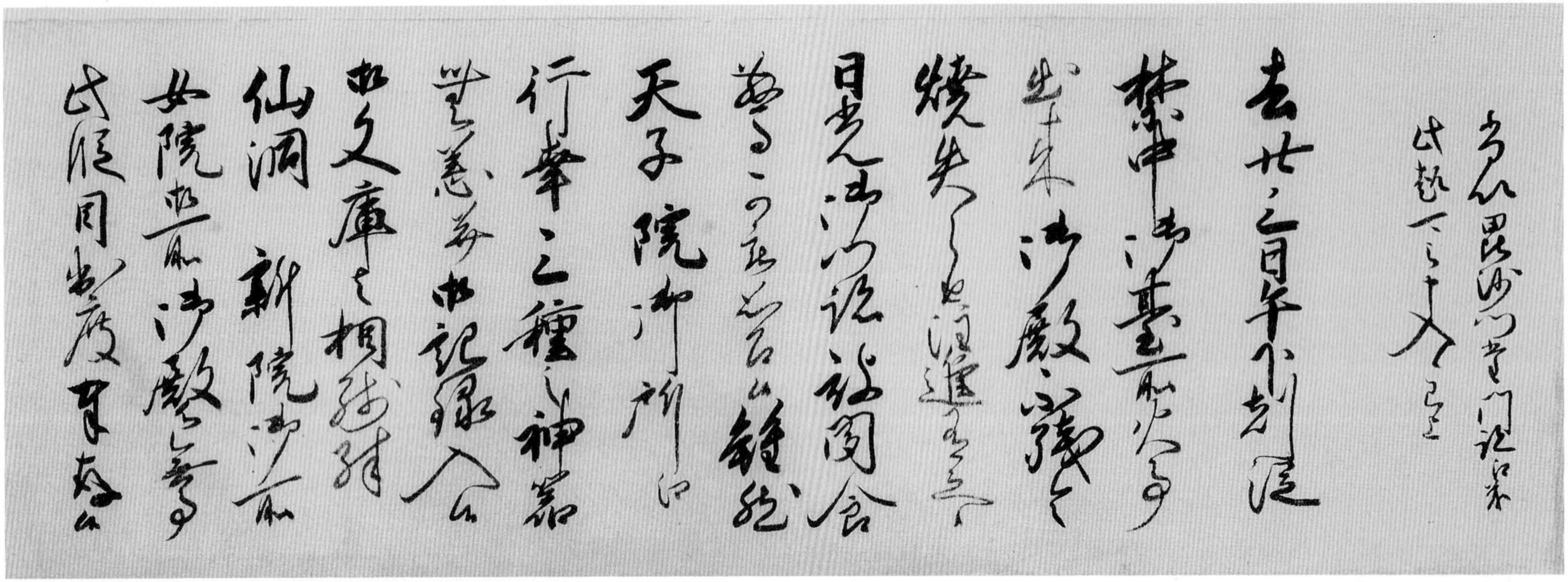

尚以毘沙門堂門跡江茂
此趣可被申入候
去廿二日午下刻従
禁中御臺所出火
出来御殿悉
焼失[illegible]
日光御門跡被[illegible]
[illegible]鐘[illegible]
天子院御所江
行幸三種之神器
並叡慮御記録入
御文庫も相残
仙洞　新院御所
女院御所御殿[illegible]
此段同前[illegible]

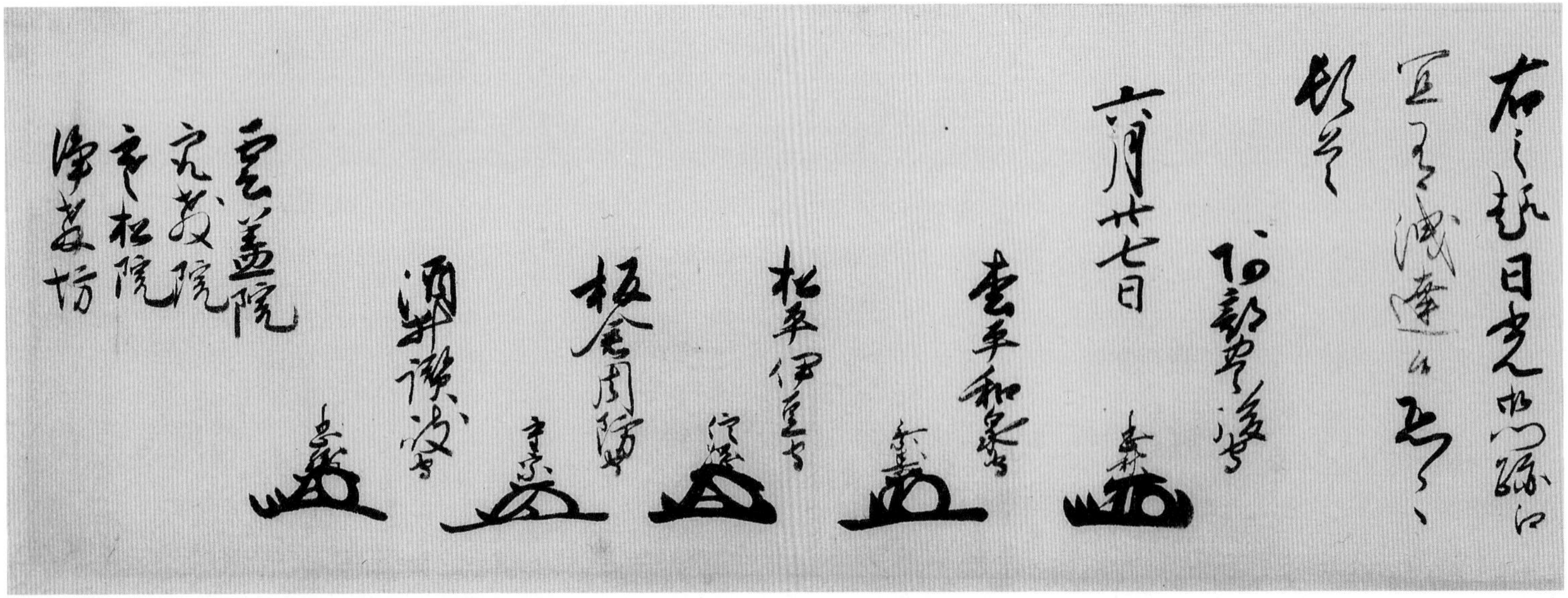

右之趣日光御門跡江
[illegible]可被[illegible]
恐々謹言
六月廿七日
阿部豊後守　忠秋
松平和泉守　乗寿
松平伊豆守　信綱
板倉周防守　重宗
酒井讃岐守　忠勝
最善院
究竟院
竹松院
浄教坊

六二 甲斐国小林村宗門改帳（竪帳一冊）

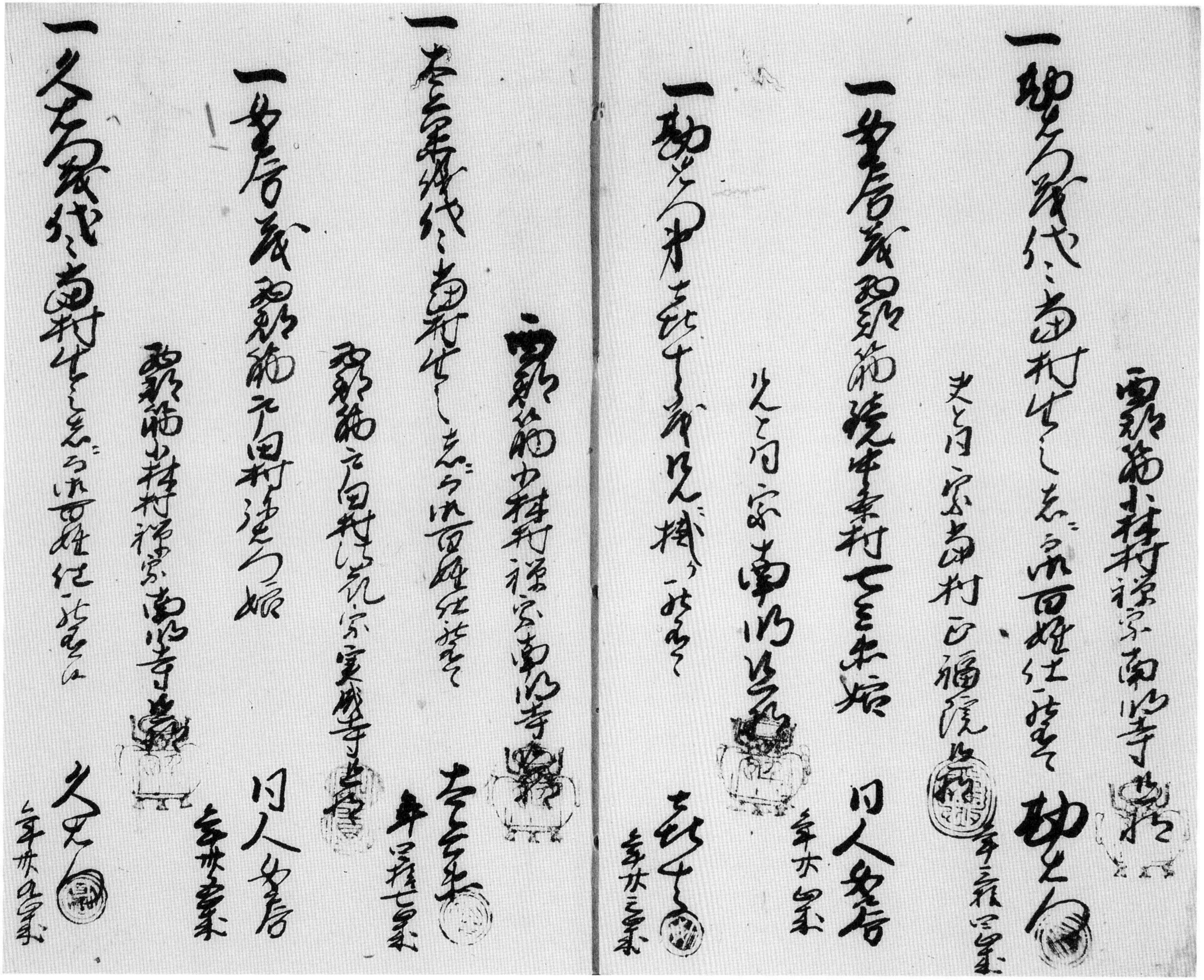

六三　美濃国下西郷村検地帳（竪帳袋綴一冊）

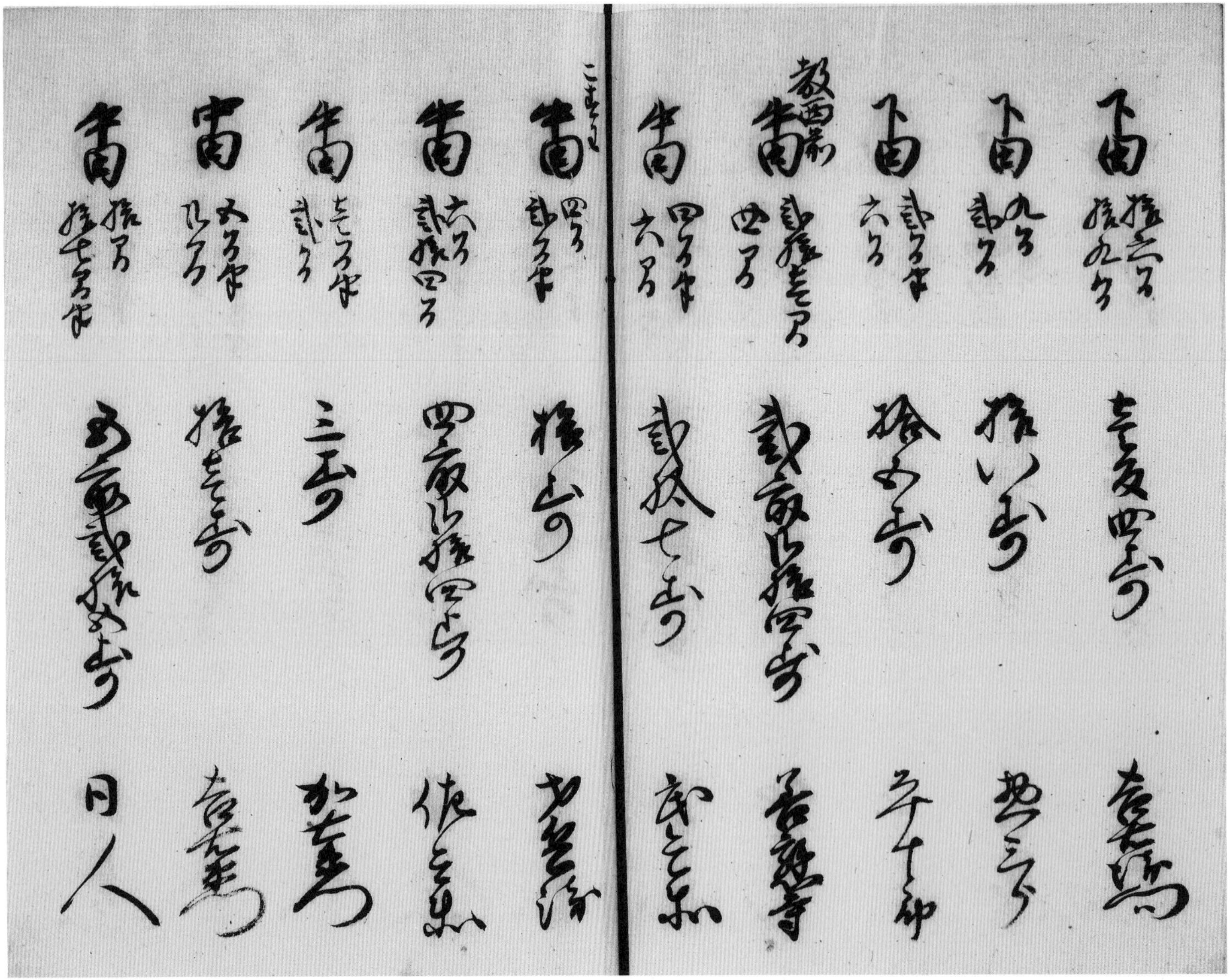

六四　人身売買禁止高札（木札拓本）

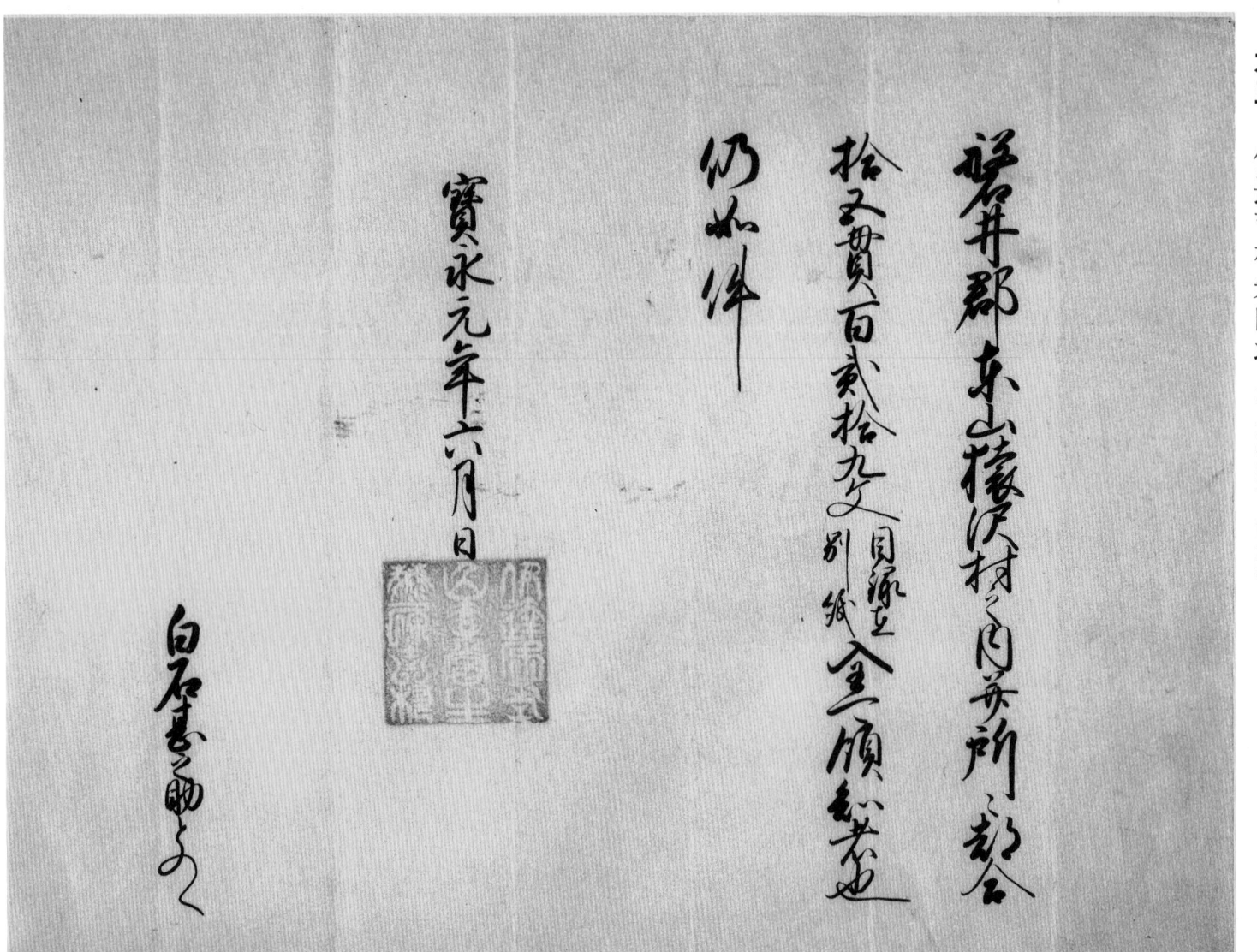

六五　伊達吉村朱印状〔領地安堵〕（竪紙）

磐井郡東山猿沢村之内弐百石
拾弐貫八百弐拾九文（目録之通）
別紙令一頒弥可令
仍如件

寶永元年六月日　〔朱印〕

白石壽之助よく

六六 伊勢国小岐須村新田畑名寄帳（竪帳二冊）

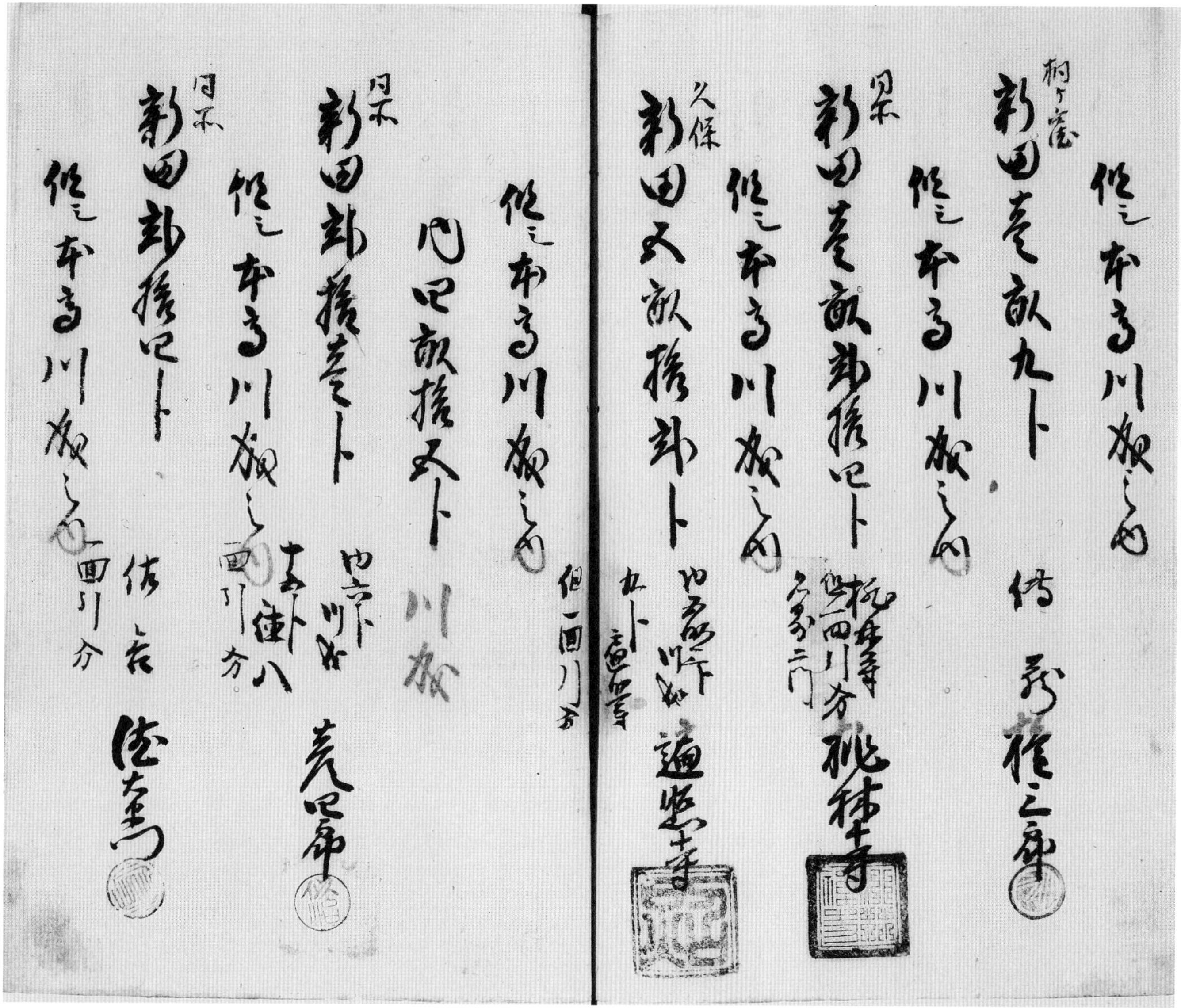

六七 長兵衛離縁状（切紙）

　　　一札

一、おのぶ義我等妻ニ所立候処離縁致
　候上者いかやうへ縁付被成候共
　構御座成候為一言書付差遣し
　候一札仍如件

　文化二乙丑七月日

　　　　　　　　　　長兵衛㊞

おのぶ殿

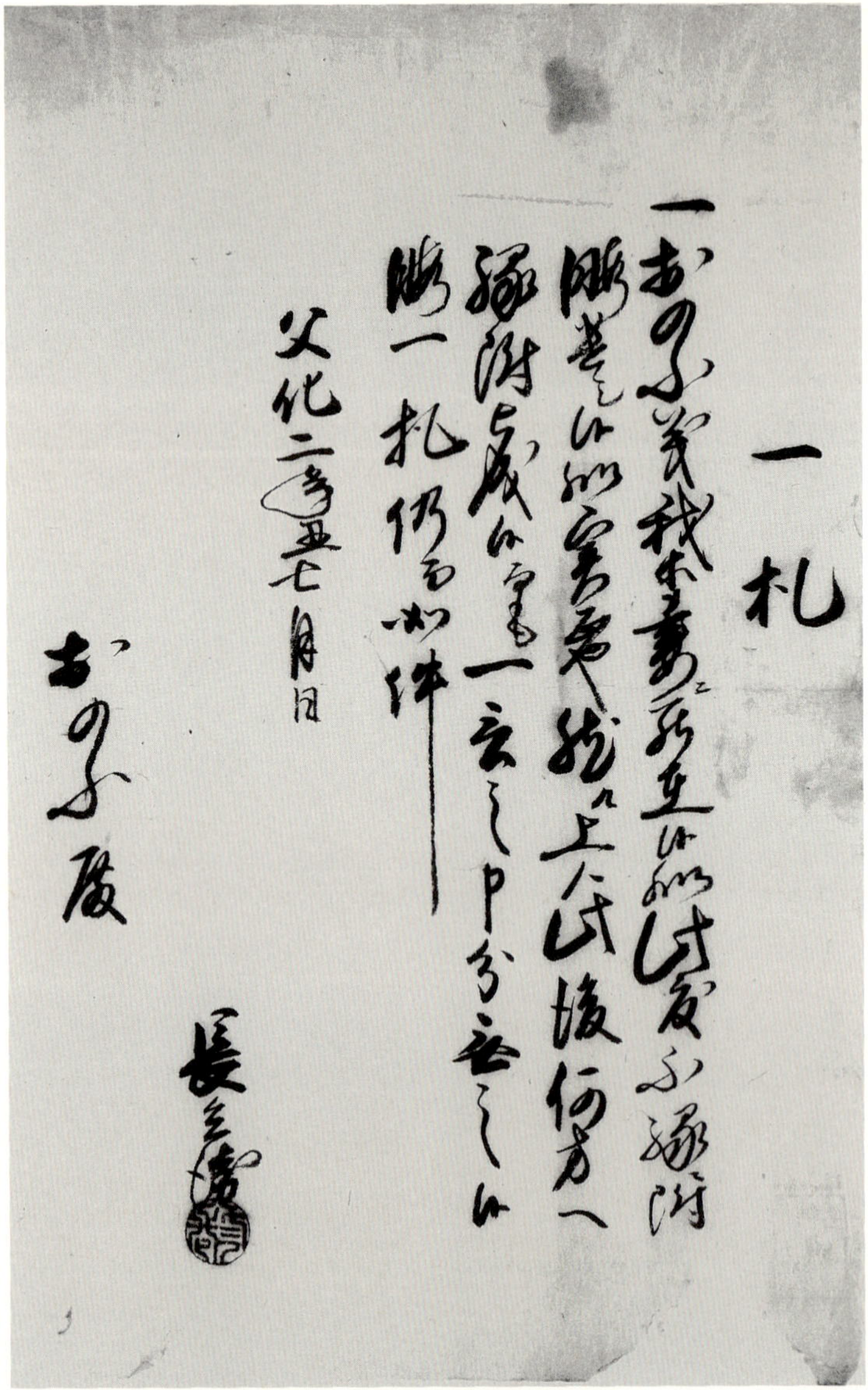

六八 人別送り状（竪紙）

(古文書・崩し字のため翻刻困難)

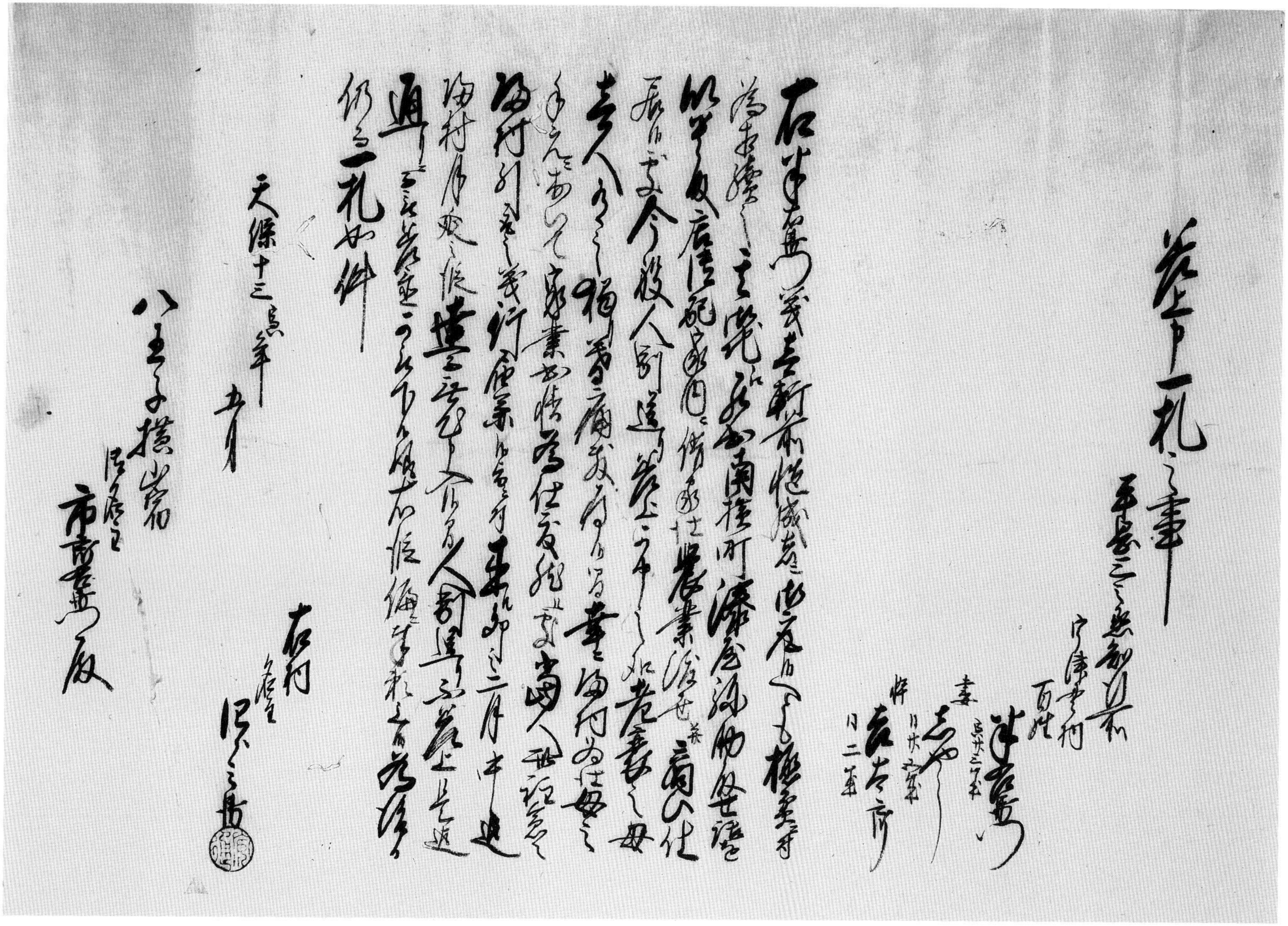

六九　上野国下久方村五人組帳前書（竪帳一冊）

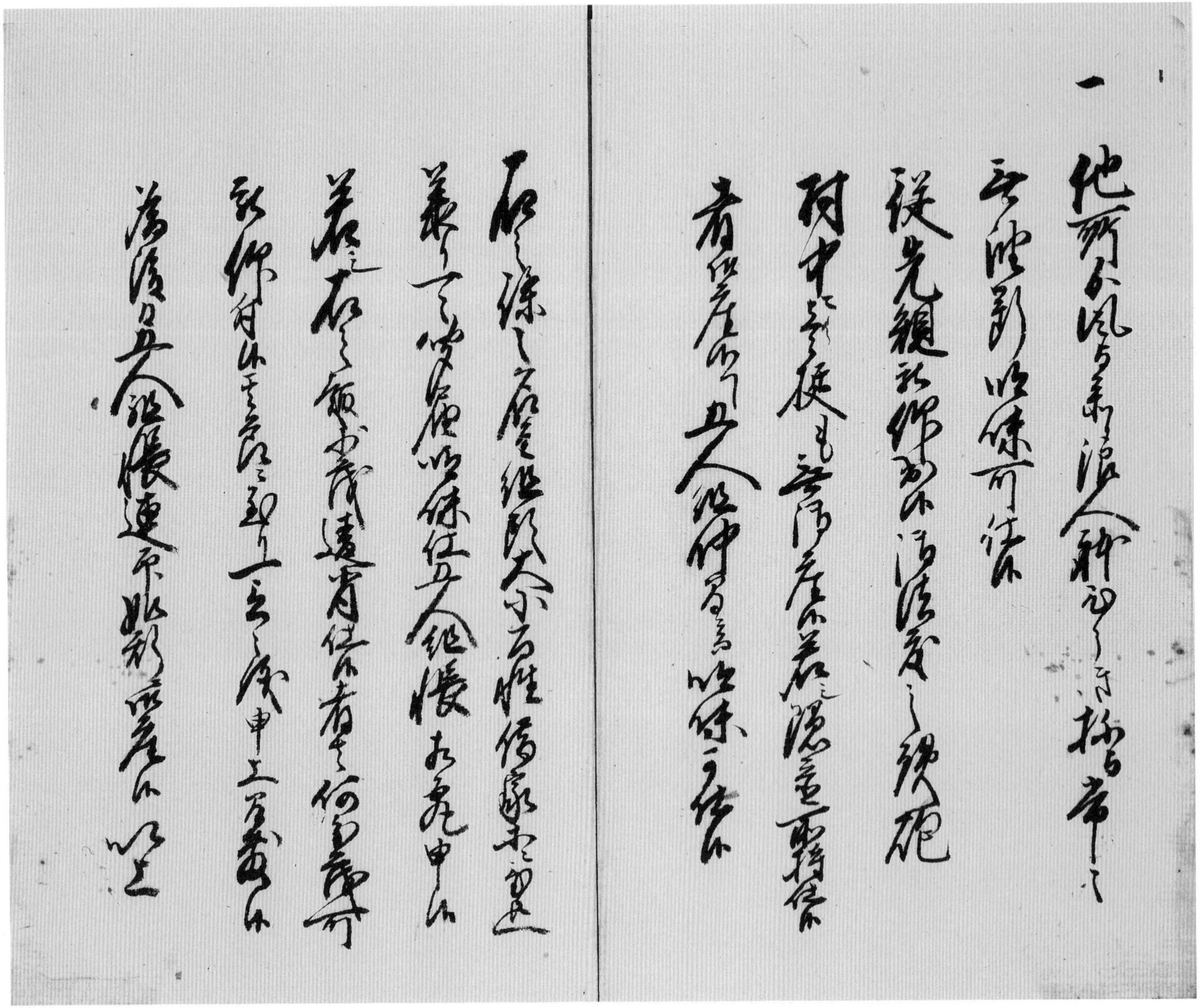

七〇 甲斐国上笹尾村小前訴状（続紙）

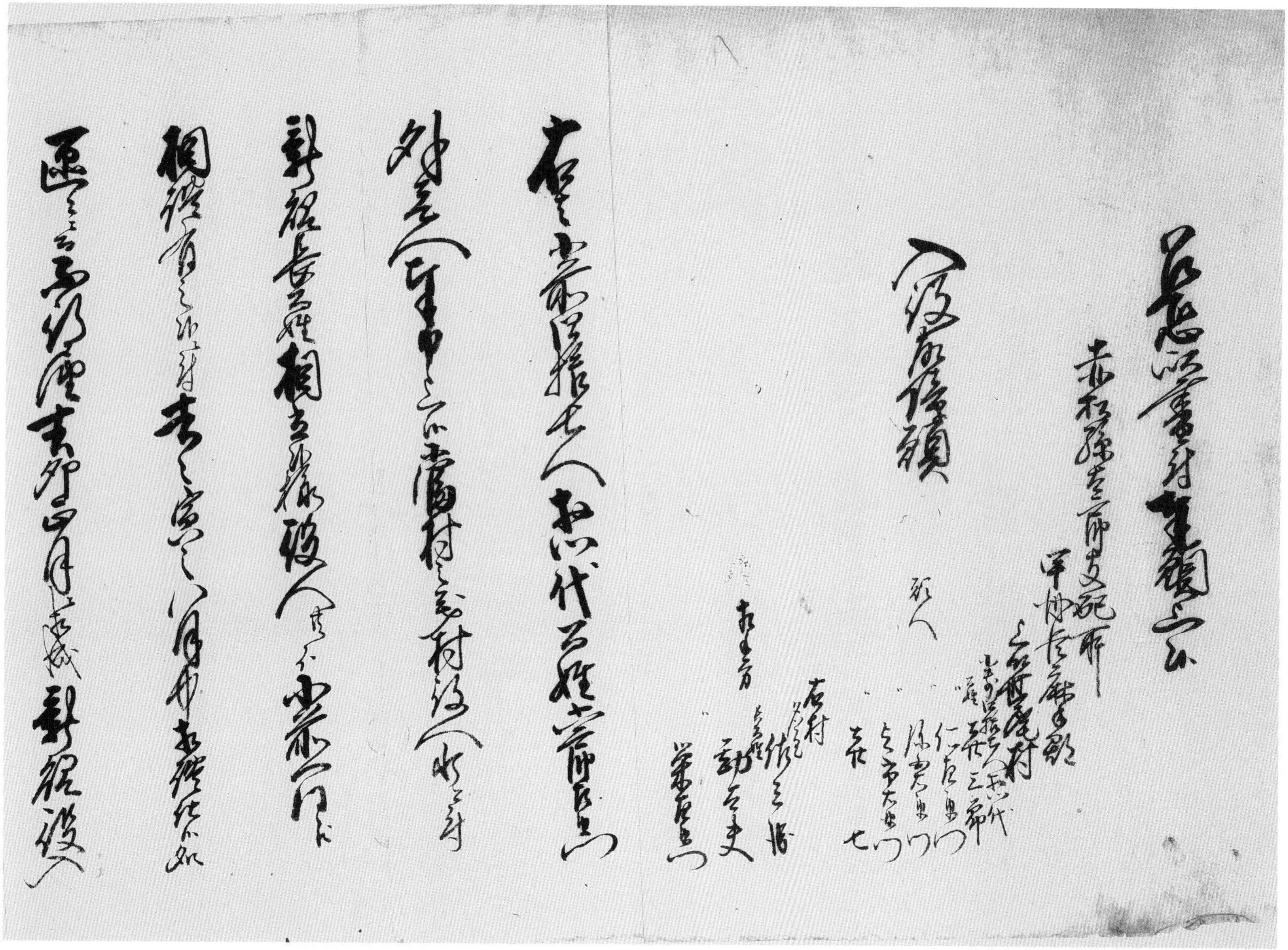

(手書きの古文書のため判読困難)

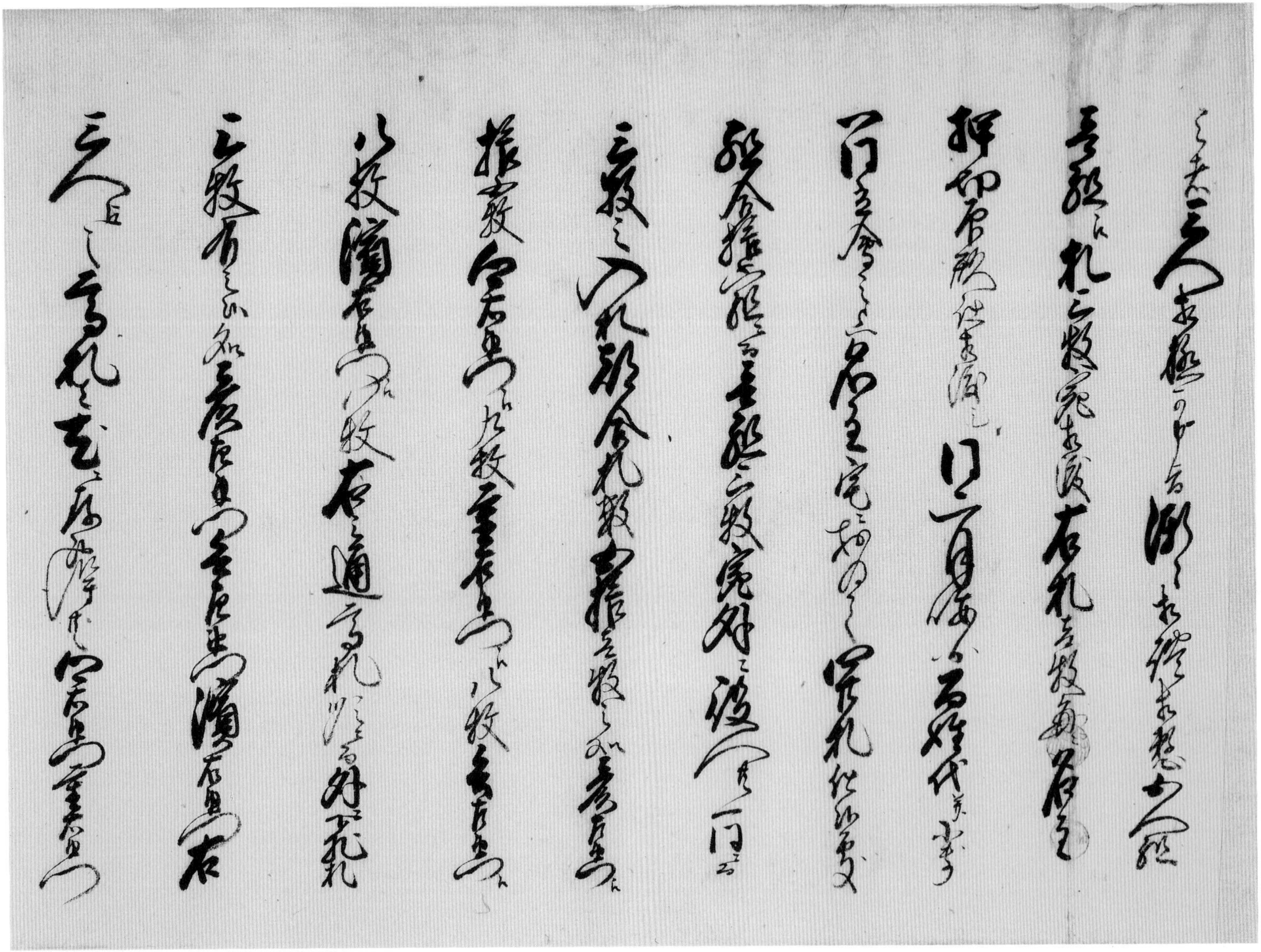

解読・解説

一 左京職移 (竪紙)

宮内庁正倉院事務所所蔵　東南院文書

左京職移　東大寺

婢弟女

□(婢)秋女已上三人、六条一坊戸主犬上朝臣真人、
戸口犬上朝臣都可比女之賎

右、□□□(2)女訴状云、上件婢等、以去
三月立券売納東大寺已訖、然寺未
与其価至今、訴申已経数月、都無処
分者、□□□状、案関市令云、売買
奴婢、立券付価、然即立券理応付価、若
未与価、所訴合理、仍具訴状、移送
如件、至早処分、故移

天平感宝元年六月十日
従七位上行少属平群臣「広道」(自署、以下同)
正六位上行少進猪名真人「東万呂」
「入本」

【解説】移は上下関係のない二者、もしくは上下関係
の不明確な二者の間で用いられた。天平感宝元年(七
四九)、都可比女は書面をもって官に届け出、二人の
婢を正式に東大寺に売り渡した。ところが東大寺はこ
の婢の代金を払おうとしない。そこで都可比女は左京職に
訴え、彼女の訴えに正当性を認めた左京職は、東大
寺に対して善処を求めている。なお、この文書には
朱印「左京之印」が十七、捺されている。

(1)平城京を管掌した役所。(2)前後から考えて、
都可比、の三字が入るはずである。(3)すでにおわ
んぬ。完了した、の意。(4)すべて。(5)令のうち、
関や市のことを規定したものが関市令。「売買奴婢、
立券付価」がその文にあたる。(6)まさにまさにあ
たいをふすべし。価格を付しなさい、の意。(7)位
階と官職は対応関係にあるが、官職に比して位階が
高い時には「行」、逆の時には「守」と記す。

二 奴婢見来帳 (竪紙)

早稲田大学所蔵・東大寺文書

大宅朝臣賀是万呂奴婢見来帳(1)
合柒人　　奴三人二人正丁
　　　　　婢四人一人正女　二人少女
　　　　　　　　　一人緑女
奴千吉年卅　右眉於黒子　頸左黒子
右、以七月十三日来、

奴豊足万呂　年六　右方与保呂久保
「生益」(追筆4)
奴安居万呂　年六　尓在志比袮　額黒子一
婢真枝足女　年廿八　右眉後上布須閇
　　　　　　　　　　左鼻折黒子
婢持女　年九　同方眉於高頬黒子
「生益」　　　　　　左眼後小去黒子
婢多比女　年二
「生益」
婢須手女　年七　眉相疵　口右佐祁良黒子(7)

右一人奴豊足之女
右二人真枝足女之女

以九月五日
右、従河内国、付舎人丸部臣広橋、
求来奴婢者、

天平勝宝二年九月五日
少目代僧「聞崇」(自署、以下同8)
都維那僧「広寂」
知事「平栄」　寺主
上座「安寛」

【解説】天平勝宝元年(七四九)、大宅賀是麻呂は奴
婢あわせて六十一名を東大寺に貢進した。後年、この文書を使用して照合した
際に、生存していたことを意味するか。膝の裏におできがある。(5)よぼろ
くぼにしいねあり。(6)ふすべ。あざ。(7)さきら、か。不詳。(8)東
大寺の僧侶たち。
際に、生存していたことを意味するか。後年、この文書を使用して照合した
後者の書き込み。

(1)リスト。(2)ほくろ。(3)薬指。(4)追筆とは
後の書き込み。生存していたことを意味するか。(5)よぼろ
くぼにしいねあり。(6)ふすべ。あざ。(7)さきら、か。不詳。(8)東
大寺の僧侶たち。

ところが
彼らの中には逃亡した者があった。ここに見える七
人も河内国に捕らえられたが、丸部(わにべ)臣広橋とい
う人物に連れられて、東大寺に連れ戻されたようで
ある。

三 相模国司牒（竪紙）

早稲田大学所蔵・東大寺文書

相模国司　牒造東大寺司

請調邸価銭事　在東市西辺者

右得寺去十月十五日牒偁、件邸以寺地一町相替之状、以今歳六月十日陳牒既訖、于今未報、空延日月、彼此有妨、若以地相替、為国不便者、酬価欲買、願一定早報、勿致再三者、国依牒旨、問郡司百姓等、申云、請地価銭、欲買便地者、仍録事状、付調雑掌丈部人上、以牒、

天平勝宝七歳十一月十三日

守従五位下藤原朝臣「宿奈麻呂」

従七位下大目高市連［自署、以下同］「種麻呂」

[解説] 天平勝宝七年（七五五）、東大寺は相模国の調邸の譲渡を望み、代価として寺地一町、もしくは銭を提示した。相模国司は郡司ほかと相談し、銭を要求して、その銭で便利な土地を新たに買い求めることにした。国司が郡司に相談しているのは、実際の調の運搬を郡司が行っていたからだ、という研究がある。なお牒という文書形式は、寺家との連絡に多く用いられた。

(1) 相模国からの調を貯蔵しておく屋敷。(2)…勿致再三、まで。(3) 調雑掌の丈部（はせつかべ）人上にこの牒をもたせる、の意。

四 大和国添上郡司解（続紙）

早稲田大学所蔵・東大寺文書

添上郡司解　申売買家立券文事

家壱区地肆段伯歩　西限大春日朝臣難波麻呂家中垣　東限稲城王家中垣　南限中道　北伯姓口分田陌

檜皮葺板敷屋二宇一宇　在東庇下春日郷

在物　板屋三宇　二各五間　三間屋形屋門屋一基

右、得右京六条三坊戸主従七位上勲八等尋来津首　月足解状偁、己家充価直銭壱拾貫文、売与 [左京五条一坊戸主正六位上小治田朝臣豊人戸口同姓] 福麻呂已畢、望請欲買依式立券者、郡依辞状勘問、知実、仍勒売買両人署名、申送如件、以解、

延暦七年十二月廿三日

売人散位寮散位従七位上勲八等尋来津首 [自署、以下同]「月足」

買人男兵部位子無位尋来津首「倭万呂」

買人小治田朝臣「福麻呂」

相知丹波国守従五位下　内竪無位「稲城王」

無位「並城王」

郷長日置造「人主」

刀祢左大舎人正七位下若桜部朝臣「広門」

右大舎人正七位下大春日朝臣「清嗣」

右兵衛従七位上江野臣「老麿」

右大舎人従八位上大春日朝臣「難波麻呂」

擬少領正八位下八嶋「家長」

位上巫部連「広之」

擬主政従七位上行大目土師宿祢

従五位下行少掾平群朝臣「国人」

従五位下行介高倉朝臣「殿嗣」

国判立券参通　一通留国　一通給今□買主料　一通置郡

延暦八年二月四日　正六位上行大目土

[解説] 月足が福麻呂に家地を売るについて、それが正当な売買であることを示すため式に則って券文を作成することにし、まず郡に上申した。延暦八年（七八九）、郡は事情を聞き、売人・買人・地元の有力者、それに郡司の署判を加えて大和国の国司に上申した。国司は守・介・掾・目の四等官から成る。以下は大和国の国司。(1) 平城京左京を含む、大和国の郡。そうのかみとも訓じる。(2) 四段あまりの区画に檜皮葺き二棟、草葺き一棟、板屋三棟、それに門が一つ立っている。(3) 律令時代の法。律・令・格の施行細則。(4) こまでが月足の解状。(5) かつての里長。地方行政の末端組織である里（五十戸からなる）の長。(6) 在地の有力者。土地売買の保証などを行った。(7) 添上郡司の一人。(8) 同じく、添上郡司。郡司には大領・少領・主政・主帳がある。(9) 以下は大和国の国司。国司が福麻呂に家地を売るについて、それが正当な売買であることを示すため式に則って券文を作成することにし、まず郡に上申した。延暦八年（七八九）、郡は事情を聞き、売人・買人・地元の有力者、それに郡司の署判を加えて大和国の国司に上申した。国司は三通の文書を奉るときに用いる様式が解である。下から上へ文書を奉るときに用いる様式が解である。大和国は三通の文書を作成し、一通を国に保管し、一通を郡に、一通を買主の福麻呂に渡した。

のである。

五 東大寺三綱牒 (竪紙)

早稲田大学所蔵・東大寺文書

三綱牒① 造寺務所②

請東市庄券参枚③

右、件券□□□認勘其地、所請如前、仍注事状、以牒、

延暦十五年八月二日 目代慈主

[自署、以下同]
上座 「実忠」

寺主 「修哲」

可信 「洞泰」

可信 「勝覚」

都維那 「伍浄」

少寺主 「安陟」

少都 「慈店」

少都 「慶妙」

依請放充四枚白紙二枚、知事僧④ 印捺二枚、

僧 「道応」

僧 「長中」

僧 「安陟」

僧 「漸智」

【解説】

(1)上座、都維那、寺主を指す。(2)東大寺造寺所を指す。(3)東大寺司が延暦八年に廃止されたのち、朝廷の令外官である造東大寺所の下で規模を縮小したこの機構が活動を開始する。(4)大和国添上郡の荘園。

東市庄と造寺所の何らかの関係をうかがわせているが、詳細は不明。ポイントは「請」の解釈で、三綱が造寺所に「請い」によって、云々と読むと、下位の役所である造寺所が三綱に対し「放充」というやや乱暴な表現をしている点が気にかかる（「捧」「備」などの動詞であればふさわしいのだが）。むしろ、造寺所がもつ三綱の庄券を、これは三綱の名に於いて正当なものだ、と三綱が請け合ったと解すべきか。この場合、造寺所の「請い」の主体（つまり放充された者）は三綱ではない第三者ということになる。更に云うと、この牒一通と庄券三枚、あわせて四枚ということになるのだろうか。紙全面に「東大寺印」延暦十五年十六顆を捺す。

六 僧智兼封戸代米請文 (切紙)

東京大学文学部所蔵・東大寺文書

謹辞
[異筆]「合」①

請下符米拾弐石事

正米十石 斗欠二石

右、東太寺去年御封代内、所請如件、

天喜四年三月二日 使僧智兼

[異筆]「栗南収合」④

【解説】

(1)後に東大寺側が、十石の米と照合して、間違いなし、の意で書き込んだものか。(2)元来は枡で量る作業中に失われた米を表わすが、ここでは現地から東大寺までの運送時に失われた米の意であろう。天喜四年（一〇五六）のこの文書では後者であり、東大寺の使僧である智兼は十二石（実際には十石）の米を現地から近江国（他の史料国栗太南郡のものと収め合わす、という東大寺側に納入したのである。(3)近江国栗太南郡のものと収め合わす、という東大寺側の注記か。

七 東大寺封戸代米返抄 (切紙)

東京大学文学部所蔵・東大寺文書

東大寺返抄
[異筆]「納所合」①

仮納米拾斛事 近江国②

右、当年御封内、且所進者、仮納如件、故返抄、

天喜四年五月二日 都維那法師[自署、以下同]「善算」

小別当威儀師 [覚源]③（花押）

別当権大僧都

上座威儀師 「慶寿」

権上座大法師 「聖好」

寺主大法師

(1)前号文書と同様、東大寺納所が照合した結果を記したのであろう。(2)封戸の租税が各国の国衙が

徴収する。封戸を与えられた封主、ここでは東大寺は使者を国衙に派遣し、自力で租税を入手する。返抄の対象が近江国になっているのはこのような事由による。（3）別当と三綱の署判のことである。古代から用いられ、とくに荘園関係文書に多く見ることが出来る。

八　興福寺別当玄覚御教書（竪紙）

東大寺図書館所蔵・東大寺文書（成巻文書）

　春日（1）・川上両庄田
作人等注文令進覧
候了、此間、以御寺下部（4）
令尋沙汰（5）、可令申
案内之由、所候也、仍
執達如件、

　　正月廿七日　　静俊（6）

〔異筆〕
「大治元年」

【解説】春日・川上両庄については、東大寺と興福寺がともに領有権を主張し、争っていた。大治元年（一一二六）のこの文書では、興福寺側が作人のデータを東大寺側に提出し、いうまでもなく興福寺別当静俊が奉じているのは、このときの別当は玄覚という僧である。

（1）現在の奈良市、春日神社に隣接する荘園。（2）やはり現在の奈良市、東大寺の北に位置する荘園。（3）作人の名や規模などを記したデーター。（4）東大寺を指す。（5）調査すること。（6）興福寺別当を補佐する三綱（上座・寺主・都維那）の内、寺主。

九　官省符荘住人等解状（続紙）

金剛峯寺所蔵・高野山文書（又続宝簡集）

〔外題〕
「申状委見畢、如本□□

〔草名〕
　権僧正「勝覚」（2）

〔小〕
□別当阿闍梨□（花押）

金剛峯寺御庄住人等解　申請　本家政所裁事、
請被且依　当寺例、且任先判旨、裁返給、
可領公、可停止良寛妨状、所定如件、
副進申文外題案壱通

右、謹検案内、以去永久年中、範勝親父行任
私宅出立、」寺家所司良快許出令殺害、依其同
罪事者、重犯之私宅、範勝出立、所司良快令殺害
事者、重犯之中最重過之者行任也、他人之罪
過」不被准者也、前車破者後車慎也、早為自
今以後、」良寛無道之訴被令停止、任道理被裁
返給者、将（7）仰正理明時之厳旨、仍注在状、
之由訴申之条、敢無其謂、倩案」犯過子細、
従行任之私宅、範勝出立、所司良快令殺害、
罪犯之刻、行任不可蒙過罪之由」訴申、可被免許也、
而経年序之後、寄於事左右、」今始行任無過意
言上如件、以解、

〔追筆〕
「奉施入御影堂（花押）」

　　大治四年正月十九日

　　　　　　　　　　　大中臣武安
　　　　　　　　　　　物部守延
〔維脱〕
　　　　　　　　　　　権都那法師僧維賢
　　　　　　　　　　　坂上行澄
　　　　　　　　　　　坂上時澄
　　　　　　　　　　　権寺主法師僧尋禅
　　　　　　　　　　　僧勢心
　　　　　　　　　　　上座大法師僧良快
　　　　　　　　　　　坂上友房
　　　　　　　　　　　勝岡
　　　　　　　　　　　守未

田畠、任傍例
被収公、被充行要人時、各尽資財田畠
請取、年来
領知（3）、然間以去天治二
年、件良寛彼地可返給由
訴申日、住人等上件子細愁申時、
被停止良寛訴
畢、而又彼田畠被返給、不安愁状（4）、
「奉施入御影堂（花押）」

任私宅出立、御寺司
良快令殺害、依犯過同罪、件行任所知
并所司等判行明白也、

為僧良寛
伯父僧範勝、従親父長行

請被且依　当寺例、且任先判旨、裁返給、

〔奥書〕（8）
「道理顕然之上、小別当
」

仍山上加署判矣、

行事入寺大法師（花押）
年預山籠大法師（花押）
大治伍年陸月拾弐日
阿闍梨大法師
阿闍梨大法師（草名）
阿闍梨大法師（花押）
阿闍梨大法師（花押）
阿闍梨大法師（花押）
検校阿闍梨大法師（花押）

[解説]（1）当時活躍した真言宗の高僧。上皇たちの高野山参詣の導師を勤めている。（2）実名不詳。この部分は解を受けて記されている。（3）良寛の伯父が範勝、範勝の父がこの地の有力者であった長行任。行任は行任の家から出かけて、良快を殺害した。行任は共謀者と認定されて追放され、彼の土地はこの解を作成した人々などに分配されたのである。（4）いま良寛は行任は無罪だったとし、土地の返還を求めている。（5）この土地が後に高野山御影堂に施入されたことを表している。御影堂は高野山を開いた空海をまつる堂。（6）行任が無罪だというなら、その時に認めてもらうべきだった、の意。（7）ことをそうによせ。あれこれと言いつのって、の意。（8）解と小別当らの書き込みを受けて、高野山の僧が署判しているい。（9）第十四代検校の良禅。検校は高野山の代表者。

一〇 藤原友次領地相博状（竪紙）

奉 相博領地処事
合壱戸 主東西拾弐丈壱尺
（1） 南北肆丈壱尺参寸
在左京五条三坊壱町西一二行北四五門内
（2）（3）
右、件地者、散位藤原友次令沙汰、婦人故文
（4）
屋」氏太子所令伝領也、而信濃守藤原朝臣、
御地弐ヶ所壱所壱戸 主東五丈南北十丈、自六条
御地弐ヶ所壱所 東西陸拾弐丈壱尺参寸
御地弐ヶ所壱所令伝領也、
壱所弐拾伍丈、自姉小路北、自東洞院西坊門
「角、東西
壱所弐拾伍丈、自姉小路北、自南熊東」角、東西
参丈陸尺伍寸、

早稲田大学所蔵・荻野収集文書

[解説] 下から上に上申する文書が解であり、古代から中世まで、長く用いられた。大治四年（一一二九）のこの文書では官省符荘の有力住人たちが、荘園本家である高野山金剛峯寺に良寛の訴えを退け、自分たちの権利を認めるよう訴えている。高野山検校以下は署判を連ねて、この訴えを正当なものと認めている。

仍進新券文之状
相副本公験等、所奉相博也、
如件、
大治伍年陸月拾弐日　散位藤原（花押）

[解説]（1）京都内の敷地を、大治五年（一一三〇）に藤原友次と信濃守藤原某が交換したもの。信濃守は白河上皇の籠童として有名な藤原（近藤）盛重であろうか。（1）取り替えること。（2）へぬ。平安京の条坊制で、一坊＝十六町、一町＝三十二戸主。（3）行も門も平安京の条坊制の単位。（4）位階を有し、官職のない者。（5）公の証書。

一一 民部省符（竪紙）

金剛峯寺所蔵・高野山文書（宝簡集）

民部省符　若狭国司
（1）
応奉充金剛峯寺御封陸拾伍烟
（藤原家忠）
右、被太政官去正月廿九日符偁、左大臣宣、
奉 勅、割太上天皇御封百十三烟内、施入
（2）
彼寺者、所奉充者、国宜承知、依件行之、符
（3）
到奉行、
大輔正五位下行兼越中介藤原朝臣
（4）
正六位上行少録中原朝臣（花押）
長承二年八月廿二日

[解説] 符については一六号文書参照。この文書が作成された前年、長承元年（一一三二）十月、鳥羽上皇は高野山に参詣された。その後、多くの荘園、所領が上皇から高野山に寄進された。若狭国の御封もその一つであるが、このののちに高野山領として発展することはなかったようであるが、なお、この文書には「天皇御璽」の内印三つが捺されている。

（1）八省の一つ。諸国の人民と土地を司った。（2）住人と家屋、宅地、畑地などを一括した農業経営の単位。中世の在家にあたる。（3）上皇の正式な名称。ここでは鳥羽上皇。（4）いうまでもないが、民部大輔である。

一二 近江国司庁宣（竪紙）

早稲田大学所蔵・尊勝寺領香田庄文書

庁宣　愛智郡善田庄司
（1）（2）
可早令請募、尊勝寺雑役免御香田肆拾陸町
（3）
事

御香田十六町
雑役免卅町

右、件免田、不可改本請坪之由、被下院宣
畢、仍如元、以庄内請坪可令済役也、但於七町
弐段、先日免除畢、其残三十八町八段同
可令請募、若如数不満作年者、以庄外公田、
可令請募之状、所宣如件、以宣、

長承二年十一月廿二日

中宮亮兼大介藤原朝臣（顕輔）（花押）

【解説】近江国司藤原顕輔が吉田荘司に命令を下し
ている。こうした文書を近江国司の庁宣という。顕
輔は善田（吉田とも）荘を立てたが、そのさい尊勝
寺香田ほかをも荘域に含みこんでしまった。鳥羽上皇
はあくまでもこの田を尊勝寺のための田とすること
を院宣によって指令するよう、善田荘司は尊勝
寺仏事の費用を捻出した。（5）作人を募
って耕作させよ、の意。
荻野三七彦「近江国吉荘文書の研究」（『日本中世古
文書の研究』）。

一三　鳥羽院庁下文 （続紙）

早稲田大学所蔵・尊勝寺領香庄文書

［附箋］
「院庁御下文」

院庁下　近江国吉田庄司并在庁官人等
可早令且切満得田伍拾陸町、且任本家点定
旨、」使者相共、打定牓示、尊勝寺領御香御
園事、

　在管愛智郡善田御庄内
丑寅牓示七条五里一坪丑寅角
辰巳牓示同五坪辰巳角
未申牓示同七里卅五坪未申角
戊亥牓示同卅一坪戊亥角

使　召使高橋為里

右、件一円地、立券先畢、早打定牓示、一切
停止他妨、」永為御園、偏可令勤寺役也、但彼
内毎年之見、」作不可過四十余町之由、御園司
少内記大江通嗣」所申也、加実検不足本免、
公田内且尋本領、且以」注請坪、無相違可
切満田数也、官物率法検田」雑事、可依去五
月之下知、兼又御園寄人等、所」勤重役也、
採山木苅野草者、不可加制止之」状、所仰如
件、庄司等承知、不可違失、故下、

保延四年十一月十六日

別当大納言兼民部卿中宮大夫藤原朝臣
　　（以下、二六名省略）

主典代織部正大江朝臣（花押）
判官代散位平朝臣（花押）

【解説】上皇が複数いるときは、実際に政治権力を有
する上皇を一院と呼ぶ。（2）且〜、且〜は、一方では
〜、一方では〜、と訳する。（3）ぼうじ。境を示す
目印。（4）実際に作物を収穫できる田。（5）国衙に
納める最も主要な租税と対になる語。（6）割
合比率を定めた法令。また、定められた割合。（7）
検田するときの費用。（8）香園の住人。（9）鳥羽上
皇の院司。

上皇の私的な機関が院庁で、上皇領について
の政務・経済を司った。上皇の権威が高まると、こ
の文書のように多くの現役の貴族が上皇の院司を兼
ねるようになった。院庁が発給するこのような文書
を院庁下文という。保延四年（一一三八）、鳥羽院庁
はこの文書で、尊勝寺御香田を牓示を打って範囲
を明確にし、御園寄人の負担を定めている。荻野三七
彦「運慶の謎」（『日本古文書学と中世文化史』）。

一四　沙弥慶清戒牒 （続紙）

石清水八幡宮所蔵・石清水文書（田中文書）

興福寺　大徳壱賢律師「許」（自署、以下同）
興福寺　大徳頼徳律師「許」
薬師寺　
興福寺　大徳久仁律師「許」

東大寺　大徳延成律師「許」
東大寺　大徳浄能律師「許」
東大寺　大徳済智律師「許」
東大寺　大徳仁増律師「許」
東大寺　大徳勝済律師「許」
東大寺　大徳春能律師「許」
大安寺　大徳永誉律師「許」
招提寺　大徳頼増律師「許」
沙弥「慶清」稽首和南大徳主等、
竊以、三学殊途、必会通於
渉尽、五乗広運、令契康治
先、是知、表無表戒、務衆行□
登清禁、夙夜剋悚、得選法門、未
但「慶清」宿因多幸、祈七支之勝□、
津梁、願無願心、
院、受具足戒、伏願大徳慈悲、戡
二年十一月卅日、於東大寺戒壇
済少識、謹和南疏、

　康治二年十一月三十日　沙弥「慶清」
和上
　　　伝灯大法師位「壱賢」
戒壇堂達
　　　伝灯法師位「永厳」
　　　伝灯法師位「良覚」
綱所
　　　従儀師伝灯法師位「沢厳」
　　　従儀師伝灯法師位「兼□」
　　　威儀師伝灯法師位「覚□」
玄蕃寮
治部省

(1)(2)ともに、深く首をたれ、礼をすること。(3)戒学・定学・慧学をいう。(4)人乗・天乗・声聞乗・縁覚乗・菩薩乗をいう。(5)宮殿。(6)日夜励むこと。(7)比丘が守るべき二五〇の戒律。(8)戒を授ける導師で、戒和上と称した。

[解説] 康治二年(一一四三)、慶清は東大寺の戒壇で具足戒を受け(受戒)、仏門に入った。受戒の儀に先んじ、儀式に立ち会う興福寺壱賢律師・同寺頼徳律師以下十一人の僧侶にこの文書を回覧し、それぞれの許可を得ている。戒和上のあとに署名しているのは、戒壇院の役僧と、東大寺の三綱である。戒牒の実例は少ない。貴重な文例である。

一五　美福門院令旨 (続紙)

金剛峯寺所蔵・高野山文書(宝簡集)

　　　　(押紙)
美福門院令旨　平治元年八月冷泉中納言奉行
　　　　　　　　　　　　　(藤原朝隆)
去月廿九日書札、二日到
来、条々啓上了、
御庄検注事、今月中下旬
之比、何事有哉、庄民承
諾之後、閑加検注、委可言上
也、
御月忌一昼夜尊勝陀
羅尼事、時別以五口僧
且勤行、時別可令勤
仕供養法一座之由、聞食
了、
御経蔵仏具注文給了、
早可調遣也、供養法小壇
不可入歟、猶只可被用前
机歟、若可遣調者、重可
令言上者、謹状、
　　　(平治元)　　　　　　　(花押)
　　　　八月三日　　　　　　　奉
　　　　　　　　　　　　　　　(朝隆)

(1)鳥羽上皇の妃。しずかに、と読む。(2)紀伊国荒川荘をさす。(3)おだやかに。(4)死んだ人の命日に当たる毎月の忌日。ここでは鳥羽天皇の忌日(二日)を指すか。

[解説] 親王や女院の奉書を令旨という。この文書の奉者は美福門院の院司藤原朝隆。平治元年(一一五

九）七月十七日に荒川荘は美福門院によって高野山に寄進された。ただし女院は本家職を保持し、様々な命令を出している。この文書では月忌仏事の実施に言及し、必要な仏具の貸与を申出ている。

一六　太政官符（竪紙）

石清水八幡宮所蔵・石清水文書（田中文書）

太政官符治部省①

応以石清水八幡宮寺権別当法眼和尚位
慶清、補任宇佐宮弥勒寺講師并喜多院司
事、

右、得慶清去月廿二日奏状偁、謹検案内、件職有闕」之時、随申請被宣下者例也、而寛賢死去之後、未被」補其替、爰慶清久従神事、専勤御願、抽賞之処、尤 当其仁矣、望請天恩、因准先例、被裁下者、将致一心之丹」誠、弥祈万歳之宝祚者、正三位行権中納言藤原朝臣雅教宣、奉　勅、依請者、省宜承知、依宣」行之、符到奉行、

右少弁正五位下行左大史兼算博士摂津守小槻宿祢（永業）
　　　　　　　　　　　　　　正五位下行藤原朝臣（成頼）（花押）

永暦元年五月七日

【解説】

(1)八省の一つ。仏教寺院・僧尼の管理統制はこの省の職務であった。(2)欠員があるときは、なぞらえる

右、得彼宮寺別当法印大和尚権大僧都勝清今月十一日奏状」偁、謹考旧貫、以別当職譲与門弟子者、承前不易之例也、子細」載于状右矣、夫当宮之習、二人権官之中、為一﨟次官輩、「転任」正別当者、先縦相承、敢不失墜、爰親弟子法印慶清、当時」二人権別当之中、其身為一﨟、縦雖不得譲、転任之次第、当其」仁矣」上、勝清沈於病痾、既及数旬、以所帯職譲与弟子、欲為延寿之」計而已、邈迹之栄耀、豈無裁許乎、就中大僧都者、是生涯之」奉公労、多送居諸、勤御祈願、已歴年序、積誰謂非拠哉」加之、寧不蒙哀憐乎、辞退件官、以別当職譲与弟子、門葉之面目也、奉仰正道之至貴、弥奉祈宝祚之延長者、将仰正道之至貴、」従三位兼行左衛門督藤原朝臣公光宣、奉　勅、請者、宮寺宜承知、依宣行之、牒到准状、故牒、

正五位下行左大史兼算博士摂津守小槻宿祢（永業）（花押）
従四位上行左中弁平（親範）牒［自署］朝臣

永暦元年十月十七日

【解説】

(1)先例に従う。(2)変わることのない。(3)「権」は訓読みすると「かりの」。具体的には権別当をさす。(4)おしはかること。推量する。(5)月日。

文書に頻出する用語。古代・中世の

一七　太政官牒（竪紙）

石清水八幡宮所蔵・石清水文書（田中文書）

太政官牒

応補任別当職事

石清水八幡宮護国寺
　　　　　　　　権別当法印大和尚位慶清

瑱なため、符が用いられるようになった。弥勒寺は宇佐八幡宮の神宮寺である。永暦元年（一一六〇）、石清水八幡宮の慶清法眼が宇佐八幡宮への補任を朝廷に願い、許されたもの。なおこの文書には「太政官印」と書かれた印（「天皇御璽」と書かれた内印に対して、外印という）が三つ捺されている。

す文書が符である。天皇の意思を下に向けて伝達する文書は詔勅であったが、あまりに作成手続きが煩

(1)上下関係にある二者の間において、上から下に出

仏教世界との連絡に用いられた文書が牒である。勝清は慶清の父。永暦元年（一一六〇）、病を得た勝清は自身の職を辞して、実子であり弟子でもある慶清に石清水八幡宮の別当職を譲ろうとし、朝廷の承認を得ている。同宮の別当職は、この後一貫して、慶清─慶清の子孫が任命されることになった。なお、この文書にも「太政官印」三つが捺されている。

一八　源頼朝寄進状（竪紙）

鶴岡八幡宮文書

奉寄

相模国鎌倉郡内鶴岡八幡新宮若宮①

御領事

在当国弐箇処
　高田郷(2)
　田島郷(3)
右、為神威増益、所
奉寄也、方来更不可有窂籠(4)
之状如件、
　　寿永二年二月廿七日
　　　　前右兵衛佐源朝臣頼朝(花押)

（1）康平六年（一〇六三）、源頼義が石清水八幡宮を鎌倉由比郷に勧請。これを源頼朝が治承四年（一一八〇）に鶴岡の地に移した。現在の鶴岡八幡宮。（2）相模国足柄下郡内の郷。現在の小田原市内。（3）高田郷と同様、相模国足柄下郡内の郷。（4）他者を困窮状態に追い込むこと。（5）右兵衛佐は、律令官制における兵衛府の長官に次ぐ位置にある官職。

【解説】源頼朝は、平治の乱後伊豆に流されていたが、治承四年八月に平家打倒を目的として挙兵した。当初敗れて房総半島に逃れたが、十月には鎌倉に入り、程なく鶴岡の地に八幡新宮の造営を開始した。本文書は寿永二年（一一八三）に至って発給されたものである。黒川高明著『源頼朝文書の研究　史料編』。『鎌倉市史』（社寺編）。

一九　後鳥羽天皇宣旨（竪紙）
　　　　　　　　早稲田大学所蔵・荻野収集文書

応令不知実名高雄寺住僧字浄覚房弁申(1)
子細、石清水八幡宮寺所司等訴申、且
永停止自由」濫妨、且任所犯実、処罪
科浄学房并下手人等事
　副下濫行人交名并被殺害刃傷神人等交名
　　各壱通
右、得彼宮寺所司等去月廿八日解状偁、謹検
案内、当宮(5)御領紀伊国野上庄者、往古根
本神領也、延久年中勅免以降」一百余歳之間、
敢以無脱漏矣、爰同国神野真国庄(7)為高雄
覚上人沙汰之剋、弟子僧浄学房恣振威勢、忽
令押領野上庄内佐佐小河村之間、或
殺害刃傷神人、或「望請天恩、且永」令停止佐佐小
河新儀濫妨(8)、且又件浄覚房并下手人輩」任所犯

実、被処罪科者、将仰神威厳重、弥祈宝祚」
延長者、右小弁藤原朝臣親経伝宣、権中納言
藤原」朝臣実家宣、奉　勅、宜令彼浄覚房弁
申件子細者、
文治二年四月廿五日左大史小槻宿祢(花押)奉

（1）神護寺の名で知られた京都市右京区にある真言宗寺院。和気氏の氏寺であった。唐から帰朝した空海が一時この寺に逗留し、真言密教の流布に努めた鎌倉初期、源頼朝の信頼を得た僧文覚が復興した。（2）京都府八幡市男山に鎮座。貞観元年（八五九）僧行教が宇佐八幡宮から勧請。（3）きょうみょう。（4）じんにん。神社の雑役などを奉仕する人々。（5）石清水八幡宮は神仏習合が進んでおり一般に「宮寺」と呼ばれた。（6）紀伊国那賀郡にあった荘園。平安時代には院の近臣、藤原成通の所領となり、その後神護寺領となったが、鎌倉時代に入って高野山領となった。（7）紀伊国那賀郡にあった荘園。現在の和歌山県野上町附近。（8）紀伊国山荘と真国荘を合わせて呼んだもの。平安時代には院の近臣、藤原成通の所領となり、その後神護寺領となったが、鎌倉時代に入って高野山領となった。新儀濫妨とは、前例を明らかにすることができず、正当な理由を持たずに、他人の所領知行を妨害すること。（9）まさに。（10）いよいよ。（11）太政官右弁官局に属する官職。正五位下相当。（12）右大臣藤原公能の二男。

【解説】文治二年（一一八六）、石清水八幡宮領紀伊国野上荘の佐佐小川村に神護寺僧文覚の弟子僧が入り込み、狼藉を働いたのでこれを止める目的をもって出された宣旨。宣旨とは令外の官である蔵人所が設置されてから天皇の意志を伝える文書として活用されるようになったもので、ここでは権中納言の藤原実家が上卿（しょうけい・担当の公卿）で、弁官である藤原親経の伝宣を受けて左大史の小槻氏がこの文書を起草した。『大日本古文書・石清水八幡宮文書』。

二〇　六波羅施行状（竪紙）
　　　　　　　　早稲田大学所蔵・荻野収集文書

伊予国石井郷(1)地頭職事
河野九郎通久自関東所宛賜(3)
也、早任状可令施行之状如件、
　　貞応二年九月廿二日
　　　　　　　　　武蔵守平(4)(花押)
　　　　　　　　　相模守平(5)

（1）伊予国久米郡の郷。現在の愛媛県松山市域。（2）

鎌倉幕府のこと。(3)上級者の命令を受けつぎ、当事者に伝えること。(4)北条義時の嫡男で、元仁元年(一二二四)三代執権となる。(5)北条時政の三男で、六波羅探題南方を勤め、嘉禄元年(一二二五)には鎌倉にもどり、泰時のもとで連署となった。

【解説】伊予国の有力な豪族であった河野通信は承久の乱(一二二一)に際して後鳥羽上皇に応じたため、多くの所領を没収されたが、この通久のみは、幕府側に与したため、貞応二年(一二二三)、石井郷地頭職が与えられた。承久の乱で追討に向かった北条泰時が京都六波羅の地にあって西国の軍事・裁判等を管掌し、六波羅探題が成立した。荻野三七彦『古文書研究―方法と課題―』。

二一 関東御教書 （竪紙）

早稲田大学所蔵・荻野収集文書

高雄寺僧等申、紀伊国河上庄間事、申状如此、所詮被尋申相博之子細於御室御所、可令注申給之由所候也、仍執啓如件、

　寛元二年十月廿六日　武蔵守(北条経時)(5)（花押）

　　謹上　相模守殿(北条重時)(6)

【解説】寛元二年(一二四四)鎌倉幕府執権から六波羅探題に宛てられたもの。関東御教書は、その時の幕府の意志を伝える文書。下文や下知状のような永続的効力はない。神護寺編『神護寺文書』。

(1)神護寺のこと(一九注(1)参照)。(2)日高郡内の日高川上流域に存在した荘園。(3)一般には土地を交換すること。ここでの具体的な状況は不明。(4)仁和寺(京都市右京区)のこと。親王がこの寺に入り門跡となった。(5)北条泰時の子。仁治三年(一二四二)、北条泰時の死後執権となる。(6)北条泰時の弟。寛喜二年(一二三〇)より六波羅探題北方を勤める。宝治元年(一二四七)から連署。

二二 北条時宗下文 （竪紙）

鶴岡八幡宮文書

鶴岡八幡宮領武蔵国稲目・神奈河両郷夫工(1)(2)米事、如先下知状者、「云御灯」云御供、重色異他之間、被免除役了、以他計略、可令沙汰入其分云々、早任彼状、可令下知之状如件、

　文永三年五月二日　　(北条時宗)(4)（花押）

　　武蔵目代(5)殿

(1)稲目郷は橘樹郡内で、現在の川崎市多摩区のうち。神奈河郷は久良岐郡内で、横浜市神奈川区の地域。(2)やくぶくまい。夫役の代として出す米。伊勢宮の式年造営の工役に一国平均役であった。(3)様々な理由から重要で有ること。(4)北条時頼の子。文永三年(一二六八)執権に就任。二度にわたるモンゴル襲来を指揮・監視する役目を負っている者。(5)国司の意を受けて、国衙の役人を指揮・監督する役夫工米の免除を命じたもの。北条氏の家督(得宗)が、武蔵国の国務を掌握していたことを示す好例である。『鎌倉市史　史料編』第一巻、『同　社寺編』、荻野三七彦「北条時宗の筆跡をめぐって」『美術史学』七四号。

二三 関東下知状 （三紙続紙）

早稲田大学所蔵・荻野収集文書

最勝光院領備前国長田庄雑掌与当庄内建部郷(1)地頭式部八郎右衛門入道妙光女子藤原氏代兼広相論所(2)務条々

一、庄官職(3)公文案主惣追捕使事

右、六波羅注進訴陳状具書等、子細雖多、所詮、当庄所務条々、有其沙汰、弘長二年十月廿五日被裁許之処、於庄官職者、子細不分明、可専成敗之由、被仰六波羅畢、愛地頭景廉(4)月廿七日定置地頭得分畢、庄官職者不載景廉注文、且如二位家貞応三年十月廿四日御下知状者、領家沙汰之旨、被載」之、随又領家建久・建保・承元・貞永下文等顕然之間、可為」領家進止之由、雑掌所訴申也、而公文・案主以下成給景廉下」文畢、加之、児島宮宿直事、為地頭役、以庄官可勤仕之旨、寛喜二年十二月廿七日被成御下知之由、地頭等陳答之処、依庄官訴訟一旦被仰下」歟之旨、雑掌所申、非無子細、但頼泰等為本地頭跡、令庄」務之上者、彼所職事、一向

知之状如件、汰入其分云々、早任彼状、可令沙

難称本所進止、然則領家成任」補、可従両方之所勘焉、
一、検断事
　右、如弘長二年御下知状者、不載景廉注進状之処、頼親等就」彼状、無異議歟、随又卿」非地頭一向沙汰之条、無陳申旨之間、二品為領家之時、令相交事頼親承伏畢、
（中略）
一、以本田畠混合御新田畠由事
　右、如弘長二年下知状者、令混合本田畠跡新田畠否事、問答」趣不分明之間、重尋究之可成敗之由、所被仰六波羅也云々、爰混合往古本田畠於新田畠、毎年押取所当半分之由、雑掌」訴申之処、本田畠者、嘉禄・寛元取帳目録顕然也、公田跡不号新田之旨、兼広令申之上者、不及別子細歟、
一、信濃村事
　右、当村者、往昔以来依為領家進止、不注加景廉得分注文之」処、地頭押領之由、雑掌所訴申也、而所務相論雖及数十」年、有可掌不申子細、為令案濫訴之旨、兼広陳答之上、為」領家進止之条、無指証拠、仍非沙汰之限焉、
以前条々如斯、抑当所者、藤原氏被召上之、観宛給之由令申之間、有可申之旨、被尋問持観之処、如今月八日請文者、先司之時及訴陳云々、持観去年拝領之間、所務先例不存知、相尋子細、若可申者、追可令言上云々、此上不」及異議者、依鎌倉殿仰、下知如件、
　弘安十年四月十九日
　　　　　　　相模守平朝臣（北条貞時）（花押）
　　　　　　　陸奥守平朝臣（北条業時）（花押）

（1）後白河法皇の御願寺の一つ。京都市東山区にあった。（2）津高郡に存在した荘園。現在の岡山県加茂川町とその周辺部が故地。（3）荘官職として、公文（くもん）、案主（あんじゅ）、惣追捕使（そうついぶし）、押領使（おうりょうし）、諸社神主（しょしゃしんしゅ）があげられ、荘園内の所務・検断・神事の管掌が定められていた。（4）関係書類のこと。（5）北条政子。（6）しかのみならず。（7）承久の乱の後、備前児島に流された頼人親王の警護番役や伊勢神宮の式年遷宮など国家の大事について荘園・公領の別なく徴収される課役。（8）大嘗会や伊勢神宮の式年遷宮など国家の大事について荘園・公領の別なく徴収される課役。（9）荘園領主のこと。一般的には本家と領家を包含する概念。（10）藤原兼子。（11）領主に納入するもの。（12）鎌倉幕府の将軍。この時は惟康親王。（13）北条時宗の子。弘安七年（一二八四）父の死によって執権となる。正安三年（一三〇一）には執権の座を北条師時に譲ったが、その後も幕政を指導し、時宗専制体制を完成させたといわれる。（14）北条重時の子。弘安六年（一二八三）連署となり、幼い執権貞時を補佐した。

[解説] 関東下知状は、「鎌倉殿の仰せにより下知くだんの如し」の書き止め文言を有し、日付とは別行で、執権連署が署判したものである。特に裁判の判決文として重要な意味を有した。この場合には、最勝光院領長田庄雑掌と荘内建部郷地頭との相論を裁許したもの。瀬野精一郎編『増訂鎌倉幕府裁許状集』上巻。

二四　信濃国太田荘雑掌道念和与状（竪紙）

早稲田大学所蔵・荻野収集文書

信濃国太田庄内大倉・□村両郷分
　　　　　　　　　　　　　　領家御年貢事
　右、以見絹可検納之由、雑掌雖経訴訟、以和与之儀、如元両郷分毎年可請取銭弐拾貫文者也、仍止訴訟、和与之状如件、
　永仁参年三月廿五日
　　　　　　　太田庄雑掌道念（花押）

（1）長野県内長野市東部・豊野町・牟礼村・三木村・豊田村にわたる地で、平安時代初めまでは、摂関家領であったが、後その一部が金沢称名寺領となった。（2）金沢称名寺領となった二郷。（3）実物の絹。（4）裁判における和解。（5）荘園領主からある任務を任されたもの。

[解説] 鎌倉時代には、ある問題について対立があり、法廷の場で争われることもあるが、それは訴訟と和与という対立的な関係ではなく、時には訴訟を相論ということもある。

が和解に至ることを「和与」という。その際、許諾した内容が明記された和与状が作成される。『信濃史料』四巻。

二五 某女院置文 （竪紙・礼紙欠）

早稲田大学所蔵・荻野収集文書

〔端裏書〕
「播磨国□□十郷事 永福門院御書」

④もたせて候か
　北のゝ
　　しやかとうと　　たうし
　としに　　　　　　侍従中納言
　千二百疋と　申候所ハ
　申候
⑤しやかとうハ　申候、
大ハんにやにハ
　千疋と　　つるを
　御さた
⑥はりまのへちなう十郷は
　一このゝちハ国へかへり
いつも　　候ハゝ、
しハすに　　とくうれ
さたし　　しくまいらせ候、
⑦ふんを
候けに候
⑧大ハんにやにハ
　物にて候、それに
事⑨ことに
さたして　つき候て、
　　候ハす
⑩のちハ、しやかとう
　　なりて候し
　　まいり申へく候
　　　にし
　　　さいく所と
　　　　　　ふんよく

(1)永福門院　伏見天皇の妃藤原鏘子。「玉葉集」の代表歌人。この端裏書では、永福門院の自筆としているが、断定はできない。(2)しやかとう　京都市

上京区にある大報恩寺。本尊釈迦如来。(3)へちなう十郷　別納十郷の意。

[解説] 高貴な女性の手による仮名文書で散し書と呼ばれる様式である。読み順に番号を付した。永福門院の自筆であるかどうかは断定できないが、鎌倉時代後期の女院による置文と推定される。千本釈迦堂と呼ばれる大報恩寺は鎌倉時代に伽藍が整備されるが、当寺の信仰の強さがうかがえる。惜しくも礼紙を欠いているため、全体の文意は不明である。

二六 藤原氏家地売券 （手継文書）

早稲田大学所蔵・東寺百合文書

〔端裏書〕
「□（お）うミやのやしきのミなミのほう
　　　　　しりやう乃地一所事」

うりわたす　　しりやう乃地一所事

在左京七条大宮七条面南辺
　合　東西二丈六尺三寸五分
　　　南北八丈七尺五寸

右地ハ、藤原氏ちうたいさうてんのりやう也、しかる（重代）（相伝）（要用）（1）
に、よう□あるによりて、あ（□に）
たいの銭拾柒貫文、ほん（本券）（播磨）（家島）（通）
をあいそへて、すけのちうきの御ハうニ（永代）（実）
ゑいたいをか□りて、うりわたすところ
也、たゝし乃地ニゐらんいてきたらん時ハ、（3）
本⌒銭一はいをもて、わきまうへし、もし弁（倍）（弁）
済ちゝ□□をよハゝ、はりまのくにいるましきのヘツふか田の地頭（得分）（後）
あたり候ハんほと、をさへらるへし」よてこ
日のために、沽却之状如件、

嘉元二年十月十一日
　　　　　　　　藤原氏（花押）
　　　　　　　　景泰（花押）

(1)重代相伝。代々管理してきたの意。(2)本券の他にそれまでの来歴を証明する手継文書も付けての意。(3)この地に違乱が起きたときには、播磨国揖保郡家島別府のこと。現在の兵庫県家島町の地にあたる。

[解説] 嘉元二年（一三〇四）における京都市街の土地売買を示す文書である。当該の現在地は、京都駅の西北方で、西本願寺の南側にあたり、七条通り沿いの東西約八メートル、南北約二六メートルの地が十七貫文で売買されたのである。前後に関連文書が継がれている。『早稲田大学所蔵荻野研究室収集文書』上巻。

二七 友山士偲度牒（版刻）

早稲田大学所蔵・荻野収集文書

宇佐宮神官定基申、狭間四郎左衛門入道
押領、豊後国田染庄吉恒任名事

右、彼名者、定基祖父吉基本領也、而狭間四
郎〔可被糺〕左衛門入道以武威押領之上者、就神領
興行、可被糺付之由、帯前対馬守公世宿祢
挙状、依訴申、去年〔正和弐年〕十一月廿三日・同十二
月十八日両度雖尋下、無音之間、今年二月
二日仰真玉孫四郎惟氏催促之処、如惟氏三
月七日請文者、雖相触狭間四郎左衛門入道
不及請文陳状云々起請之詞難遁違背之咎、然則
於彼名者、所被返付社家也、依仰下知如件、

正和二年七月二日

前上総介平朝臣〔北条政顕〕（花押）

治部尚書〔墨書・以下同〕（太政官印）

「城州路東山東福禅寺童行士思、本貫係本州
乙国県人事」俗姓秦、見年十四歳、投礼当
寺住持士雲長老為本師、賜
□〔黄〕紙度牒、剃髪受具者、
右、被太政官符僞、左大臣宣、奉
勅、件度者姓「秦」宜治部省与剃度、牒至准
勅、故牒、
正和〔弐〕年〔四〕月〔八〕日 左大史〔小〕
槻宿祢清時〔仰脱ヵ〕給

参議郎兼治部郎「従四位下行神朝臣康光」（花押）
典主宰事官 「欠」
鴻炉丞 「従三位 行藤朝臣定行」（花押）
鴻炉少卿 「欠」
典客郎中署令 「従二位 行平朝臣高広」（花押）
治部郎中 「正□位□行江朝臣公経」（花押）
治部主事 「欠」
治部郎侍郎 「□□位□行源朝臣光房」（花押）

【解説】
（1）本体が木版刷の書式。（2）太政官治部省の書式。
（3）版刻書式の空白部分への書き込み。（4）臨済宗
東福寺派の総本山。（5）友山士偲の初名。士偲は臨
済宗の禅僧。１３０１～７０。（6）出生地。（7）乙
訓郡。（8）現在年齢。（9）度縁・戒牒ともいい、出
家証明書。黄色の麻紙を用いた。（10）欠席者。
後に東福寺の住職となった友山士偲が、嘉暦
三年（一三二八）に元に渡航するに際して、その身
分証明のために作成したもの。文面の大部分はす
でに版刻されており、「 」で示した箇所の必要最小
限の事項を墨で書き加えた。紙面に「太政官印」三
個を押して発給した。これによって士偲の生年や初
名、出家の時期などがわかる。因みに士偲は十八年
間元に留まり、帰国後臨川寺や東福寺の住職を勤め
た。荻野三七彦「入元僧友山士偲とその度牒」（『日
本中世古文書の研究』）。

二八 鎮西探題下知状（竪紙）

早稲田大学所蔵・宇佐八幡宮文書

〔端裏書〕
「宇佐宮 神官 田染□〔庄〕」

【解説】宇佐八幡宮の神官が神領興行法の適用を受
けて武士押領を鎮西探題に訴え、鎮西探題はそれを
認める裁決を下したもの。このような訴えを起こす
には宇佐大宮司の挙状が必要であることなどが示さ
れており、神領興行法の適用例を具体的に知りうる
貴重な事例。『宇佐神宮史 史料編』。

（1）豊後国大分郡阿南荘内松富名を根本所領とした
武士。（2）豊後国国東郡に存在した宇佐八幡宮領の
荘園。現在の大分県豊後高田市の東南部一帯。（3）
神社の興隆を図るために幕府が出した徳政令的な法
令。（4）宇佐大宮司。（5）推薦状。（6）豊後国国崎
郡真玉荘の地頭、真玉荘は宇佐弥勒寺領であった。
（7）命令を実行することを誓約した文書。または実
行した内容を報告する文書。正安三年（一三〇一）
に鎮西探題に補任
された。（8）弁明書。（9）金沢
実政の子。

二九 後醍醐天皇綸旨（宿紙）

早稲田大学所蔵・荻野収集文書

家門事可令
〔岡崎〕
範国謹言、
天気如此、仍言上如件、

建武二年六月廿七日 左少弁〔岡崎範国〕（花押）奉

進上
右兵衛督〔西園寺公重〕殿

（1）しゅくし。薄墨紙ともいう。反古紙を漉き返し
た紙。綸旨・院宣・口宣案などを作成する場合に使
われた。（2）天皇の意志。（3）天皇の意志を伝える

奉書形式の文書を綸旨という。(4)西園寺実衡の子。宛所の右兵衛督は西園寺公重のことで、建武二年(一三三五)、権大納言西園寺公宗が謀叛により誅伐され、その家門を公重が引き継ぐことになったものである。森茂暁『後醍醐天皇─南北朝動乱を彩った覇王』。

三〇　足利直義軍勢催促状（竪紙）

早稲田大学所蔵・後藤文書

球珠城凶徒等誅伐事、相催
一族、属今川四郎入道手、可致
軍忠之状如件、
　建武三年四月□□□（十三日）
　　　　　　左馬頭（足利直義）（花押）
　後藤孫十殿（追筆）

【解説】建武三年(一三三六)三月、九州に下った足利尊氏・直義兄弟は筑前多々良浜の戦いで勝利し、一部将士を残して再び京都を目指す。この時、宮方は九州各地で蜂起するが、豊後国玖珠城は、そのような宮方の拠点の一つであった。『大分県史 中世編2』。

(1)豊後国玖珠郡に存在した城郭。大分県玖珠町大字山田の切株山に良好な遺構が残存する。(2)足利尊氏の弟。一三〇六〜五二。室町幕府で統治権を掌握。(3)この宛所は抹消後の追筆である。豊後にはほぼ同文同形式の建武三年四月十三日付文書が複数残されている。

三一　高師直施行状（竪紙）

早稲田大学所蔵・荻野収集文書

上野国園田御厨内南品熊村
半分事、任御下文之旨、可被沙汰
付教智、大炊右衛門尉為沙汰付之
状、依仰執達如件、
　貞和五年八月廿八日　武蔵守（高師直）
　　　　　　　　　　　　　（花押）
　民部大輔殿

(1)伊勢神宮の所領で、上野国山田郡のうち。現在の桐生市南部から太田市北部にかけての地域。(2)くだしぶみ。室町幕府より出された所領安堵の文書。(3)高師重の子。足利尊氏の執事。室町幕府成立にかかわってその功績はきわめて大きい。特に畿内近国の小武士団の組織化に努め、南朝勢力の一掃を図

った。足利直義と対立し、観応二年(一三五一)没。(4)上野守護上杉憲顕。

三二　足利尊氏禁制（竪紙）

早稲田大学所蔵・荻野収集文書

禁制
　覚園寺
右於当寺領上総国小蓋・八坂両村、
武士甲乙之輩不可致濫妨狼藉、
若有違犯之族者、為処罪科、可
申交名之状如件、
　観応三年六月廿四日
　　　　　　　　（足利尊氏）（花押）

【解説】観応三年(一三五二)二月、足利尊氏は鎌倉にて直義を毒殺し、観応の擾乱における両者の確執は悲劇的な結末を迎えて終了する。閏二月には宗良親王等が挙兵し、武蔵野合戦が行われ、三月には尊氏は鎌倉に入る。このような不穏が続く中で出された文書である。上島有『足利尊氏文書の総合的研究』。

(1)寺社の領地を軍勢の乱暴から守るために出す文書。野外で周知させるため、木札のものもある。(2)建保六年(一二一八)に建立された鎌倉二階堂にある寺。(3)凡下身分のもの。(4)人名簿。

三三　金子信泰譲状（竪紙）

早稲田大学所蔵・後藤文書
（外題〔自筆〕「しひつをもてはしかきをくわゆるところ也、」）（端書）

譲与　子息千与市丸
　安芸国温科村地頭事除女子分之
右、於当村地頭職者、信泰代々相伝知行地也、
而相副文保元年十一月三日成忠御譲状、所
譲与千代市丸也」「於女子分者、譲与面々各別
之上者、於御公事者、任先例」令支配之、可
致其沙汰、仍為後日譲状如件、
　文和三年閏十月九日　左衛門尉信泰（金子）
　　　　　　　　　　　　　　　（花押）

村、安南郡のうち、現在の広島市東区温品町の流域。（3）一三一七年。（4）所領などを譲渡するとき、譲渡者が被譲渡者に渡す文書。平安時代に御成敗式目によって法制化された。

【解説】文和三年（一三五四）、安芸国人の金子信泰が温科村地頭職を子息、千代市丸に譲ったもの。温科村には鎌倉時代に約六三町の国衙領があり、承久の乱後、金子氏が温科村の地頭職を得た。室町期には温科氏を称して当村中央の永町山城を拠点としていた。『広島県史』中世編。

三四　島津佐忠代田村忠長着到軍忠状（竪紙）
早稲田大学所蔵・下野島津文書

島津大隅弥三郎代田村右衛門次郎
忠長申軍忠事

着到①

右、依去七月下旬宇都宮御発向、馳参植野御陣致②警固、同八月四日御付吹上之御陣仁之時、属御手、次追落③横田要害畢、次大塚御陣取之時、御敵出帳之間、致散々野臥合戦、同廿九日当城御攻之時、御敵出帳越④田河、懸兵部御手之処、当手横合仕、御敵於城内迫籠畢」其夜於鷲木御陣致警固、其後於所々御陣宿直仕、同」九月六日当城御合戦之時、付于切岸致散々合戦之間、則預⑤御見知畢、然者下賜御証判、為⑥後証、恐々言上如件、

応安元年九月　日

「承了、（花押）」⑦

【解説】応安元年（一三六八）鎌倉公方足利氏満が下野国の宇都宮氏綱を攻め、降参させた一連の戦いにおける下野島津氏の軍功をまとめたもの。漆原徹『中世軍忠状とその世界』、藤枝文忠「南北朝内乱期における一国人領主下野島津氏の軌跡」『信濃』二六巻三号。

（1）出陣命令に応じて、あるいは変事を察知して馳せ参じた事を意味する。（2）軍勢が特定の目標に向かって出動すること。（3）埼玉県吹上町。（4）地勢の険しい所に築いた城郭。（5）のぶせりかっせん。強固な陣地や城郭を巡る戦いではなく、敵味方の軍勢が遭遇して戦闘状態となる戦い。（6）脱字を補記したもの。（7）上杉憲春。

三五　後光厳上皇院宣（宿紙）
国学院大学所蔵・久我家文書

六条烏丸中院町敷①　②　③
地事、止新大納言雑掌違乱、可令全管領給④
之由、
新院御気色所候也、
仍執啓如件、
（応安五年カ）
十二月廿四日　権中納言忠光⑥
謹上　中院大納言殿

【解説】久我具通が六条烏丸中院町の屋敷地について、一族の中院親光と争論をしていることについて、応安五年（一三七一）頃に後光厳上皇の院宣を得て、その地の支配権を確定させたもの。院宣は院司が上皇の命を奉じて出す奉書形式の文書。国学院大学編『久我家文書』別巻。岡野友彦『中世久我家と久我家領荘園』。

（1）村上源氏の一族で中院流の正統の清華家。久我の地に住み久我姓を称す。伝来の古文書は二三〇〇余点におよび、戦後に国学院大学に寄贈された。（2）京都市左京区中院町。（3）中院親光。（4）家司、役人。（5）後光厳上皇。一三三八～七四。北朝の天皇。応安四年（一三七一）退位して上皇となる。（6）柳原。（7）久我具通。

三六　今川了俊遵行状（竪紙）
早稲田大学所蔵・荻野収集文書

長井弾正蔵人能里申
備後国長和庄東方・同国①
石成庄下村地頭職等事、
依為本領、去貞治六年六月③
廿五日被成下御教書上者、
退宮次郎左衛門尉違乱
等、可沙汰付能里代之状
如件、
永和三年三月十日
長瀬尾張入道殿
沙弥（今川了俊）（花押）⑥

（1）沼隈郡に存在した八条院領荘園。広島県福山市大字長和がその故地。（2）深津郡のうち。福山市御

三七　河野通義寄進状（竪紙）

早稲田大学所蔵・荻野収集文書

善応寺領伊予国朝倉郷内久松方

地頭職同窪分幷門真名地頭

職・河野土居分地頭職等事

右、任康安弐年十二月廿四日

曾祖父善恵寄進之旨、永

所奉寄付之状如件、

明徳弐年八月廿三日　伊予守通義（河野）（花押）

【解説】（1）愛媛県北条市にある臨済宗東福寺派の寺。創建は建武三年（一三三五）河野通盛の発願による。（2）伊予国越智郡内の郷。現在の愛媛県越智郡朝倉村がその故地。（3）一三六二年。（4）河野通盛のこと。

もと伊予善応寺文書。善応寺の地は、越智氏の一族河野氏が治承五年以来の本拠地で、鎌倉時代を通じて居館が存在した。建武三年に湯築城（松山市内）を築いて以来、この地は壮大な禅宗寺院となった。本状は明徳二年（一三九一）に、河野通義が曾祖父通盛の寄進地を安堵したもの。景浦勉編『善応寺文書』。

三八　足利義満御判御教書（竪紙）

早稲田大学所蔵・荻野収集文書

近江国頓宮郷半分事、早任

当知行之旨、岩室太郎左衛門尉家俊

同一族等、可領掌之状如件、

応永十四年四月廿三日
　　　　　　　（足利義満）
　　　　　　　（花押）

（1）室町幕府では、所領問題の裁判機関である引付

(3) 一三六七年。（4）原本は伝えられていないが、この日付けで備後国内に足利義詮の御判御教書が発給されており、今川了俊の遵行によって一連の安堵がなされたようである。（5）備後の豪族。実名は貞世。正平二十二年（一三六七）、室町幕府の引付頭人となり、侍所頭人と山城の守護を兼ねた。足利義詮の死去を機に出家し、了俊と号した。（6）今川範国の子。実名は貞世。吉備津神社の社家。

【解説】今川了俊は応安三年（一三七〇）九州探題となり、南朝が優勢であった九州を平定し、室町幕府の支配下においたことで著名であるが、この文書はそれ以前の彼の活動を知ることができるものとして貴重である。川添昭二『今川了俊』。

三九　細川頼之自筆書状（竪紙）

早稲田大学所蔵・荻野収集文書

天下御祈禱、吉日如

此候、一紙進之候、可得御

意候、入候之時毎時

可申承候、恐々謹言、
　　　　　　　　（細川）
十一月六日　　頼之（花押）
（年未詳）

覚勝院殿

【解説】（1）細川頼之（一三二九―一三九二）。（2）未詳。讃岐国に真言宗御室派の不動護国寺があり、覚城院と呼ばれていた。室町期には細川氏の庇護を受けており、関連することも考えられる。

細川頼之は、細川頼春の子で、観応元年（一三五〇）以来、足利尊氏・義詮に仕えて転戦し、義満の斯波氏に代わって幕府管領となった。一時失脚し、讃岐の宇多津で分国支配に専念。後、幕府政治の中枢に復帰。幕府政治の安定・強化に大きく貢献した。小川信『細川頼之』。

四〇　室町幕府下知状（竪紙）

早稲田大学所蔵・荻野収集文書

被召加斎藤加賀入道玄忠

於一方内談衆訖、早可令

参勤之由、所被仰下也、仍

下知如件、

嘉吉元年十月十三日
　　　　　　　　（細川持之）
右京大夫源朝臣（花押）

(1) 甲賀郡のうち。現在の滋賀県土山町に大字頓宮があり、この地に比定される。（2）現実に管理・支配していること。（3）橘氏流山中俊信の末裔。甲賀郡岩室郷下司。

【解説】この文書は、応永十四年（一四〇七）に室町幕府将軍が発給した御判御教書である。御教書と呼ばれるが、奉書形式のものではなく、直状形式をとるもので、将軍の花押が据えられる。この場合には袖判となっているが、日付の下に据えられるものや、日付と別行で官途とともに奥に据えられるものもある。このように袖判で、文書の受取者が本文の中に織り込まれているものは比較的薄札の形式であるといえよう。臼井信義『足利義満』。

方の構成員を特に内談衆と呼んだ。(2)室町幕府管領。

【解説】室町幕府の官職補任については、将軍の御判御教書が一般的であるが、嘉吉元年(一四四一)には六月二十四日に将軍義教が殺される嘉吉の乱が起こり、十月の段階では八歳の義勝が家督を相続したものの将軍就任以前であり、管領の署判による下知状の発給となった。今谷明『室町幕府解体過程の研究』。

四一 室町幕府奉行人連署下知状（竪紙）

京都府立総合資料館所蔵・東寺百合文書

東寺大勧進河内国下向人(1)
荷持、馬壱疋諸関渡、
拾五人在之、
無其煩上下可勘過之由、所被
仰下也、仍下知如件、
文安元年九月十日
沙弥(飯尾為秀)（花押）
備中守三善朝臣(飯尾貞連)（花押）
沙弥(飯尾為行)弥(4)（花押）

【解説】室町幕府では、奉行人が連署して将軍の仰せをうけたまわり、下知状を発給することが行われた。禁制などとともにここに挙げた文安元年(一四四四)の過所に多くその例が見られる。過所は過書とも書き、関所の通行許可書のことである。小林俟夫「南北朝・室町期の過所発給について―室町幕府職制史の基礎的考察―」（『名古屋大学日本史論集 上巻』）。『室町幕府文書集成 奉行人連署奉書編』上。
(1)東寺伽藍復興を目指して、喜捨によって資材を集める僧侶。(2)通行許可。(3)出家した後、俗事に携わる者。(4)三名とも幕府奉行人。

四二 道興准后代官職補任状（竪紙）

早稲田大学所蔵・荻野収集文書

作州勝田庄門跡分西分(1)(2)
代官職之事、已前申付
長甚候之時、於東分者不可成
其緩之処(3)、堅申含候之処、
令強所務之由、言語道断
次第候、已破成敗之条、
去年申付候所、可令奇破候(4)、

任千光院准后代官職置文之旨、(5)(6)
東西一円代官職之事、相計
可被申付之状如件、
文明十三年正月晦日
若王子御坊(9)
(道興准后)（花押）(10)
「礼紙切封墨引」

(1)福山市加茂町付近。(2)親王・公家が住職を勤める特定の寺院。ここでは聖護院を指す。(3)いろい。干渉。(4)棄破の当字。(5)皇后などの三后に准ずる位。(6)遺言状。(7)庄務の代行者。(8)聖護院門跡、?～一五〇一。近衛房嗣の子。寛正六年(一四六五)に准三后に補す。(9)にゃくおうじ、京都市左京区若王子町にある神社。熊野修験を統括。(10)白紙の添え紙。(11)文書の封じ跡。

【解説】文明十三年(一四八一)三月、聖護院門跡作国勝田庄の代官職について、東西全域を若王子神社の社僧に申し付けたもの。西分の代官職については従来どおりであり、東分についてては支障をきたしているが、千光院准后の遺言状に任せて、東西共に代官職を勤めるよう指令したもの。道興准后は、文明十八年より諸国遊覧の旅に出て、『廻国雑記』を書き残している。

四三 久我家雑掌売券（竪紙）

国学院大学所蔵・久我家文書

被売渡　田地之事
合壱段余者
右件田地者、依有御要用、直銭六貫文仁、限永代慈観寺法華講
衆中江所被売渡実正也、
為厳重被載御手印之上
者、後代不可有違乱煩之儀
者也、仍為後証、御放券之状如件、
(1)「宇宙」黒印
之定壱石壱斗在之、」藁五束同在之、
在所山城国乙訓郡久我庄内木備田里卅四坪、東南者限大道、北二在預所田、字八号車副之給、一色左京大夫(2)
明応五年辰丙十二月五日　長経（花押）

(1)久我家の家印。(2)京都市伏見区久我領荘園。(3)年貢高。(4)価格。(5)法華経の講読。

四四 後柏原天皇綸旨 （宿紙）

早稲田大学所蔵・荻野収集文書

（端裏書）
「後柏原院綸旨 永正七年年十月」

熊野三山検校職事、円満院宮被宣下候、各可令存知者、天気如此、悉之、以状、

永正七年十月廿七日 左少弁（花押）

園城寺衆徒中

【解説】 （1）漉き返し紙。綸旨・院宣などに使用。（2）室町後期の天皇。一四六四〜一五二六。在位一五〇〇〜二六。（3）勅旨を蔵人が直接起草して発給した天皇文書。私的なものであったが、順次に公的な奉書となった。（4）紀伊国那智熊野の本宮・新宮・那智神社を統括する役職。熊野修験の元締め役。（5）比叡山園城寺末の門跡寺院。（6）天皇の命令が下ること。（7）天皇の御気色。（8）これをつくす。甘露寺伊長。（9）綸旨の常套句。（10）太政官の弁官。（10）三井寺ともいい、貞観元年（八五九）に円珍が創建。門派の総本山。

四五 伊達稙宗書状 （切紙）

仙台市立博物館所蔵・伊達家文書

就当口出張之儀、態御使者承候、快悦無極候、然而覃寒気候条、髪元始末相調、可人馬覚悟候、将亦長谷堂・上山要害至于今堅固候、定而可

（6）手印は掌印のことであるが、この場合は文頭の家印を指すものか。（7）森氏。久我家の家司。

【解説】 明応五年（一四九六）十二月、久我家が久我庄内の木備田里の一反余の田地であり、一反余を六貫文で慈観寺の法華経講読衆中に売却したもの。三四坪を六貫文で慈観寺の法華経講読衆中に売却したもの。一反余の範囲がその下に注記されている。『久我家文書』別巻。岡野友彦『中世久我家と久我家領荘園』。

御心安候、委曲郡左馬助方附与口上候間、不能重意候、恐々謹言、
（大永元年カ）
九月十八日 （伊達）左京大夫稙宗（花押）

謹上 相馬次郎殿

【解説】 （1）仙台伊達家伝来の古文書。室町初期から江戸末に至る約三千点。（2）山形方面。（3）およぶ。（4）ここもと。（5）山形市内。（6）上山市内。（7）陸奥伊達郡桑折城主。一四八八〜一五六五。伊達氏十四代当主。（8）あげどころ、じょうしょ護、（9）相馬顕胤、行方郡小高城主、稙宗の娘婿。

【解説】 楮紙。縦一九・横三七センチ。年末詳であるが、稙宗が山形城の最上義定を攻めた、大永元年（一五二一）頃と推定されている書状である。同盟関係にあった相馬氏に、山形攻めで長谷堂・上山要害を堅持して、有利に戦いを進めている状況を知らせたもの。『大日本古文書』（伊達家文書）。高橋富雄『伊達政宗のすべて』。

四六 菊池重治加冠状 （竪紙）

早稲田大学所蔵・本郷文書

加冠名字事
（菊池）
藤原治忠
大永四年正月廿日 重治（花押）
本郷七郎殿

【解説】 本紙は縦二六・横三九センチ。大永四年（一五二四）、肥後の大名の菊池義治が家臣の本郷七郎親となって、加冠元服をさせ、「治」の一字を与えて「治忠」と名乗らせた。主従関係を強調するもの。平泉澄『菊池氏一族』ほか。

（1）名字状・一字書出ともいい、大名が家臣の成人に際して名の一字を与えて改名させる書式です。大名によって書式が異なる。（2）元服時に烏帽子親の本郷七郎のこと。（3）宛名の本郷七郎を拝領して、以後は菊池の一字と菊池の本姓の藤原を拝領して、以後は菊池治忠と名乗る。（4）肥後国菊池郡の大名、本姓藤原、豊後大友義長の次男で菊池家を継承し、後に菊池義武と改める。（5）肥後の豪族、菊池氏族。

四七 近衛稙家申文 （竪紙）

早稲田大学所蔵・荻野収集文書

従七位上国造亀定(1)　望近江国掾(2)

右、去年給、同三月以件亀定、申任備前大目(3)、而称非本望、不給符、仍可被改任件国目之(4)状、所請如件、

天文九年三月廿二日　太政大臣従一位藤朝臣

　　　　　　　　　　　近衛(5)稙家

(1)くにのみやつこかめさだ。人名、俗姓不詳。美濃・播磨・出雲ほかに本姓の者が多い。(2)近江国司の三等官。(3)備前国司の四等官。(4)国司の四等官。(5)近衛家十五代当主。一五〇三〜六七。近衛尚通の子。足利義稙の偏諱を拝領。氏長者。

【解説】本紙縦三二・五・横四二・八センチ。天文九年（一五四〇）三月、朝廷における除目定めに際しての近衛稙家の取次ぎ書。国造亀定での除目定めに際して昨年備後国大目に叙せられたが、それを辞退したので、改めて近江国司に任じたらどうかとの意見書。国司任官はすでに朝廷内の序列としてのみ形骸化していたが、実態はなく、制度的には武家社会でも踏襲していた。形式や手続きは存続しており、『官職要解』。『近衛家譜』。和田英松

四八　毛利元就・隆元連署感状（横切紙）

早稲田大学所蔵・中村文書

於去日五明石口(1)、陶衆与合戦之時、敵打捕候、誠高名(2)神妙候、感悦之至候、弥可抽軍忠者也、仍感状如件、

天文廿三
六月十一日　　　隆元(6)（花押）
　　　　　　　　元就(7)（花押）
中村新右衛門尉殿(8)

(1)安芸国佐伯郡。(2)陶晴賢、周防大内義隆の家老であったが、天文二十年に義隆を滅ぼす。(3)手柄。(4)忠節、働き。(5)合戦時の忠節を証明するための褒賞状。(6)毛利家当主、元就嫡男。(7)隠居、後見人。(8)安芸国地侍。毛利家家臣となる。

【解説】天文二十年（一五五一）八月、周防大内義隆の家老であった陶晴賢が毛利氏の支援を得てクーデターによって義隆を攻め滅ぼした。しかし毛利元就の積極外交によって、両者は対立することとなり、

天文二十三年（一五五四）五月、両軍は折敷畑（廿日市市）で初めて対戦している。その後も毛利軍は銀山城・桜尾城ほかを攻略している。本状はこの合戦に関わるものと思われ、当主隆元と元就とが連署して、中村氏の軍忠を褒賞したものである。翌弘治元年十月の厳島合戦で毛利氏が最終的に勝利した。『大日本古文書』（毛利家文書）。河合正治『安芸毛利一族』。

四九　今川義元判物（知行宛行）（竪紙）

早稲田大学所蔵・荻野収集文書

去正月河合源三郎(1)令逆心敵引入処、一類等奥山能登守かたへ相渡無二令味方段神妙也、又至于三月、菅沼大膳亮(2)お源三郎相催、屋敷構江攻入之刻、尽粉骨甚以忠節之至也、因茲同名源三跡職知行一円、為新給恩、去二月所出置之也、若於向後、源三雖企競望(6)、一向不可許容、縦経後年彼者致忠節、雖composed之、貞守事者、以先忠宛行之条、永不可有相違、弥可抽忠節者也、仍如件、

永禄元年戊午
七月四日　治部大輔(8)（花押）
伊東右京亮殿(9)

(1)遠江の今川氏家臣、実名不詳。(2)遠江の今川氏家臣。(3)三河野田城主か。(4)伊東氏一族。(5)没収地全域。(6)返還要求。(7)伊東氏一族か。(8)今川義元。一五一九〜六〇。今川氏親の三男。兄義輝の跡をついで当主となる。(9)今川氏家臣。三河吉田城主。

【解説】本状は縦三八・五・横五五・五センチ。永禄元年（一五五八）七月、織田信長と三河吉田城での防戦に勤めしていた今川氏が、三河吉田城での防戦に勤めていた伊東氏に対して、その忠節を賞して新知行を宛行ったもの。戦功は河合氏の反乱と菅沼氏の反乱鎮圧親の三男。兄義輝の跡をついで当主となる。(9)今川氏家臣。三河吉田城主。

本状は河合氏の反乱と菅沼氏の反乱鎮圧の働きであり、この延長線上の戦いとして三年五月の尾張桶狭間合戦で、義元は戦死する。今川氏研究会編『駿河の今川氏』第一〜一〇集。

五〇　武田氏伝馬手形（竪切紙）

大和郡山市・柳沢文庫所蔵

（伝馬）朱印(1)

伝馬三疋、無異儀可出之、高野山成慶院之使僧、被遣

者也、仍如件、

（永禄十年）
丁卯五月十四日　市川備後守(5)奉之

黒沢口駿府迄(6)(7)宿中(8)

(1)武田氏の伝馬専用印で、永禄六年（一五六三）から用例がみられる。(2)大名が主な宿駅に運送用として用意させた人馬。(3)高野山の子院の一つで、武田氏と師檀関係にあった。(4)成慶院の僧侶であり、使者として甲斐へ下向したもの。(5)武田家の奉行人、名は家光。(6)甲斐国八代郡黒沢村。現市川大門町。富士川に面した宿駅。(7)駿河府中。現静岡市。(8)黒沢から駿府に至る街道沿いの宿駅。

【解説】永禄十年（一五六七）五月、高野山成慶院からの使者の僧が用事を終えて帰国する際に、武田領国内宿駅での伝馬使用のための手形。高野山の使僧は檀家廻りをして守符や巻数を届けて、その謝礼を集め歩いていた。この手形を提示して無賃で伝馬の供用を受けていた。柴辻俊六『戦国大名武田氏領の支配構造』ほか。

五一　織田信長制札（木製高札）

岐阜市・円徳寺所蔵(1)

定

加納(2)

一、当市場越居之輩、分国往還煩有へからす、並借銭借米・さかり銭(3)(4)か。(5)代々織田家臣であった者。(6)従来より市場と座が独占していた営業権を排除して、自由交易とする政策。(7)押し買い。(8)税徴収の役人。(9)織田信秀の嫡子。一五三四～八二。尾張の戦国大名から天下統一者となったが、天正十年六月の本能寺の変で倒れる。(10)信長の初期の花押。麟の字の変形。
門ナミ諸役免許せしめ訖、譜代相伝の者たりといふとも、違乱すへからさる事、

一、楽市楽座之上、諸商買すへき事、

一、をしかひ狼藉喧嘩口論、使入へからさる事、並宿をとり、非分申かくへからさる事、

右条々於違背之族者可加成敗者也、仍下知如件、

永禄十一年九月　日　織田信長(9)(花押)(10)

【解説】織田信長は岐阜に進出した直後の永禄十年

(1)岐阜市加納の曹洞宗寺院。(2)岐阜市稲葉山城下の町。(3)加納の市場。(4)別の制札にみえる地子銭

五二　北条氏裁許朱印状（竪紙）

静岡県清水町・杉本家文書(1)

泉郷(2)・竹原村(3)訴論之目安(4)

御糺明畢、仍泉川藻之(5)事、去庚午歳先国主(6)氏真証文明白之間、竹原之百姓申処不可有之、可任先規旨被仰出者也、仍如件

天正五年(印文「禄寿応穏」朱印)丁丑三月十日　下総守(8)評定衆(9)康信(花押)

泉郷

(1)静岡県清水町久米田の地侍の家伝文書。(2)清水町西北部から裾野市東南部。(3)静岡県長泉町。(4)訴訟に際しての判断。(5)泉川に生えている川藻、梅花藻といい、肥料となる。(6)永禄十三年庚午の年。(7)今川氏真、もと駿河・遠江の大名。(8)北条家の訴訟・裁判担当奉行、数人の合議制。(9)依田康信か。

【解説】伊豆北部のこの地域の河川は富士の伏流水が豊かで、川藻がよく生育した。農民はそれを肥料としていたが、天正五年（一五七七）、その採集をめぐって泉川沿いの泉郷と竹原村とで争論となった。すでに永禄十三年（一五七〇）に、武田氏に追われてこの地域の領主となっていた今川氏真が裁許しており、北条氏もその先例に従って泉郷の勝訴としたもの。北条氏の訴訟・裁判担当奉行である虎朱印状でなされており、三代氏康の永禄三年頃より、評定衆による裁許状がみられる。佐脇栄智編『後北条氏の研究』（戦国大名論集、八）。

(一五六七)八月、稲葉山城下の上加納宿の市場復興のために、楽市の制札を掲げている。本制札は翌十一年九月に将軍足利義昭の要請に応えて上洛する直前に、再度加納宿の制札に掲げたものである。これらは通常、楽市の制札、加納宿に掲げた制札といわれている。第一条で市場へ移住のものに諸特権を認めて招致し、二条・三条めで楽市楽座を保障している。小島道裕「岐阜円徳寺所蔵の楽市制札について」（『国立歴史民俗博物館研究報告』第三五集）ほか。

五三　佐竹義重血判誓詞（牛王宝印紙裏）

早稲田大学所蔵・白川文書

起請文之事

一、今度有御同陣、当表之義被仰合候、祝着之至候、付於御当方、乍此上可申合候、到無表裏者、当方之事も一点不可有表裏事、

此儀偽候者、上者梵天帝釈・四大天王、下者堅牢地神、熊野三所大権現、日光三所権現、別而者、当国鹿島大明神・八幡井・愛宕大権現、惣而日本国中大小神祇、則可蒙御罰者也、

天正七年

八月五日　義重（花押・血判）

白川殿

【解説】本状は縦二三・横三一センチの護符用紙。（1）熊野那智大社で版刻配布した護符用紙。（2）結城氏一族が分裂して白河氏となり、その文書が東京大学文学部ほかに分散している。（3）神仏に誓って相手との誓約・契約を相互に確認するための書式。（4）二心のないこと。（5）この部分以下を起請文の神文といい、仏や神名を列記してそれらに誓約する形をとる。（6）菩薩の異体字。（7）常陸佐竹氏の歴代。常陸太田城の大名。一五四七～一六一二。義昭の子、北条氏と対立する。（8）指に疵を付け、身血を付す。（9）結城氏一族。陸奥白河領主。義親。

（1）熊野那智大社で版刻配布した護符用紙。（2）結城氏一族が分裂して白河氏となり、その文書が東京大学文学部ほかに分散している。（3）神仏に誓って相手との誓約・契約を相互に確認するための書式。（4）二心のないこと。（5）この部分以下を起請文の神文といい、仏や神名を列記してそれらに誓約する形をとる。（6）菩薩の異体字。「大」が脱字。（7）常陸佐竹氏の歴代。常陸太田城の大名。一五四七～一六一二。義昭の子、北条氏と対立する。（8）指に疵を付け、身血を付す。（9）結城氏一族。陸奥白河領主。義親。

天正七年（一五七九）三月、越後御館の乱で北条方の上杉景虎が敗死し、甲越同盟が成立した。北条氏は関東の佐竹氏に攻勢をかけた。同年八月、北条氏の圧迫によって窮地に立った常陸の佐竹氏が東北南部の諸将に働きかけて同盟を結ぼうとした時の陸奥白河氏宛ての起請文。その後も佐竹氏と白川氏とは和戦を繰り返している。江原忠昭『中世東国大名常陸国佐竹氏』。

五四　上杉景勝印判状（社領寄進）（竪紙）

早稲田大学所蔵・飯綱神社文書

信州飯縄大明神江令寄
附社領之覚

一、弐拾弐貫文　上野之内
一、拾貫文　小鍋之内
一、拾貫文　千田之内
一、壱貫文　市村之内
一、壱貫参百文　大宮入山之内
一、七貫文　広瀬之内
一、草井之内おもてむら梨窪山北谷共二

以上、

右令寄進者也、仍如件、

天正拾年　霜月廿日

（印文「立願・勝軍地蔵・摩利支天・飯縄明神」）
（上杉景勝朱印）

千日次郎大夫殿

【解説】天正十年（一五八二）十一月、武田氏滅亡直後に北信濃に進出した上杉景勝の社領寄進状。以下、同周辺地。（1）信濃国上水内郡飯綱神社。現長野県上水内郡戸隠村。（2）現長野県長野市小鍋。（3）現長野市戸隠村。（4）小字の表村か。（5）初代上杉藩主。一五五五～一六二三。上杉謙信の甥で家督を継承。（6）上杉家の家印。亀甲型で謙信代より襲用。（7）飯綱神社の宮司家。

武田氏時代の旧領を安堵したものと思われ、飯綱神社はいずれも神社隣接地域である。飯綱神社ととともに当地域を代表する大社で、古来より武家の信仰が厚かった。ここではまだ中世の社領規模が維持されているが、天正十一年以降の徳川家康による信濃支配によって、幕藩体制下の社領規模に縮小されていく。信濃史料刊行会編『信濃史料』十五巻。

五五　豊臣秀吉法度（大高檀紙）

早稲田大学所蔵・荻野収集文書

定

一、諸国於海上賊船之儀、堅被成御停止之処、今度備後伊与両国之間、伊津喜島にて盗船仕之族在之由被聞食、曲事ニ思食事、
一、国々浦々船頭・猟師、いつれも舟つかひ候

もの、其所之地頭代官として速相改、向後聊以海賊仕ましき由、誓紙申付連判をさせ其国主取あつめ可上申事、

一、自今以後、給人・領主致由断、海賊之輩於在之者被加御成敗、曲事之在所知行以下、末代可被召上事、

右条々、堅可申付、若違背之族在之者、忽可被処罪科者也、

天正十六年七月八日 (秀吉朱印)(9)

【解説】天正十六年（一五八八）、天下統一に向かった豊臣秀吉が、刀狩や検地令とともに、海の平和令として発布したもので、海賊法度という。個別の宛名はなく、全国の大名領主を対象として出したもの。第一条では瀬戸内海での海賊行為の取り締まり、第二条では全国の船持ち者から海賊行為をしない誓約書をとること、第三条では海賊行為のあとの領主の領地を成敗することが定められている。海の刀狩り令ともよばれ、秀吉が統一政権への意欲を表示したもの。藤木久志『戦国社会と豊臣平和令』ほか。

（1）檀紙の中でも最高級のもの。（2）海賊船。（3）厳島。（4）くせごと、違法行為。（5）領主・役人。（6）いささか。（7）誓約書。（8）印文未詳の小型の円朱印。国内宛文書使用唯一のもの。

五六　醍醐寺義演自筆願文（竪紙）

京都市・醍醐寺文書

一、竪義(1)三ケ年之内仁、可再興事
一、於山上御影堂(2)三ケ日理趣三昧可執行事
一、同御影堂建立之時、常灯一灯可燃事
右意趣者、大相国殿下御煩平癒、御武運長久、殊山下伽藍御再興並門跡覆殿以下、無為作畢、領知無異儀御寄附、右通速於御下知者、早可果遂、此立願之状如件、

于時慶長三年七月六日　(義演)(花押)(9)

【解説】天下統一を果たした豊臣秀吉は、晩年に荒廃した顕密大寺院の復興に努めている。醍醐寺の復興も慶長元年（一五九六）に着手され、まず五重塔が修復された。同三年七月、醍醐寺三宝院門跡義演はその恩に報いるため、秀吉の病気平癒の祈願を込めて山内復興を神仏に祈ったもの。願文は祈願状ともいわれ、各時代に各層のものが残されている。中島俊司『醍醐寺略史』ほか。

（1）りゅうぎ、密教儀式。（2）上醍醐の弘法大師堂。（3）理趣経の転読。（4）下醍醐の祖師堂に安置する弘法大師像。（5）豊臣秀吉。（6）下醍醐の諸堂。三宝院の本殿。（7）醍醐寺三宝院門跡義演。二条晴良の子、永禄十二年（一五六九）入山。醍醐寺八十代座主。（8）願文、祈願状。（9）醍醐三宝院門跡義演。

五七　徳川家康直書（元折紙）

早稲田大学所蔵・荻野収集文書

書状之通、委細令披見候、三人之者(1)之儀、如何様共有之覚、搦取様尤候、無油断可被申付候恐々謹言、

(慶長五年)九月十九日　家康(3)(花押)
田中兵部太輔(4)殿

【解説】豊臣秀吉の死後、その近臣の石田三成・島津義弘。（2）残党狩りをして捕えること。（3）徳川家康、一五四二～一六一六。三河の戦国大名から江戸幕府を開き、初代将軍。（4）田中吉政、一五四八～一六〇九。信長・秀吉に仕え、三河岡崎城主。関ケ原合戦後に筑後柳川城主。

（1）関ケ原合戦で西軍に属した宇喜多秀家・石田三成と徳川家康に組した東軍とが、慶長五年（一六〇〇）九月に岐阜県の関ケ原で大合戦を行った。合戦は東軍の勝利となり、戦後処理として残党狩りが行われた。本状は家康が西軍の石田三成ほか三人の大将を捕えるよう同日付けの田中宛の村越茂助直吉の添状も残されにはよれば、田中は小西行長を捕えており、その功労によって筑後柳川城主になっている。荻野三七彦「関ケ原の搦取状」（『日本中世古文書の研究』）。

五八　徳川秀忠朱印状（蝦夷交易定）（大高檀紙）
早稲田大学所蔵・荻野収集文書

定

一、自諸国松前江出入之者共、不相理(2)志摩守(3)、夷仁と直商売仕候儀、可為曲事、

一、志摩守仁無理而令渡海、売買仕候者、急度可致言上事、付、夷之儀者、何方へ往行候共、可致夷次第事、

一、対夷仁非分申懸候者、堅停止事、

右条々、任去慶長九年正月廿七日先判之旨、弥不可有相違者也、仍如件、

元和三年十二月十六日　（徳川秀忠）（公広）（印文「忠孝」朱印）

松前志摩守とのへ

【解説】（1）北海道松前町。（2）あいことわらず。（3）松前公広。本姓柿崎氏。蝦夷松前二代藩主。（4）くせごと、違法。（5）蝦夷の人々。（6）徳川秀忠。一五七九～一六三二。家康の次男。江戸幕府二代将軍。（7）秀忠朱印の一つ。

幕府の蝦夷地支配政策として、慶長九年（一六〇四）に家康から松前慶広に蝦夷地交易独占権を与える黒印状が出されている。本状は元和三年（一六一七）その権利の追認であり、立地条件の悪い松前藩育成のために蝦夷人との貿易権を独占させたものである。蝦夷人の保護内容も含んだ条項もあり、幕府の蝦夷地政策が窺えるものである。海保峯夫『幕藩制国家と北海道』『エゾの歴史』。

五九　鍋島勝茂軍役帳（竪帳袋綴一冊）
早稲田大学所蔵・鍋島主水家文書

（前略）

右人数九百三人　内分目(1)百六十三人

内
鉄砲弐百九挺　内　直筒百五〇挺　役目筒五十九挺
弓百四十壱張　内　直弓百張　役目弓四十壱張
鑓百拾本　内　直長柄五十本但当座抱　役目鑓六十本
昇拾本　内　直昇三本　役目昇七本

手明鑓(6)　五十本
馬　三拾弐定　内　番馬十定　又馬九定

右之分与ニ相付候間、諸役儀無緩、可申付者也、如睦甲冑共ニ

元和九年十月十五日　信濃守（鍋島勝茂）（黒印）

鍋島右馬助

【解説】（1）省略部分に「馬上」以下の軍役負担人数が明記されている。これはその集計である。（2）長筒。（3）基本割当て分。（4）長さ六間の長槍。（5）戦場での目印としての旗幟か。（6）予備鑓兵か。（7）基本割当ての馬。（8）組、鍋島右馬助組。（9）予め協議のごとくの意。（10）肥前佐賀二代藩主。直茂の子。一五八一～一六五七。慶長十五年（一六一〇）に家督。（11）鍋島佐賀二代茂宗。正保二年（一六四五）没。

本文書は肥前佐賀藩の家老格であった鍋島主水家文書の中の一冊である。主水家の祖は茂里であり、本姓は石井氏であったが鍋島直茂の養子となり鍋島を称した。歴代が家老職を勤め、知行高は最高時には七千五百石であった。本帳は、元和九年（一六二三）に佐賀藩主の鍋島勝茂が主水家に軍役を割付けたものであり、表紙には「鍋島右馬助与私」とあり、巻頭には「馬上　高米四四〇〇石　鍋島右馬助」とあり、以下、家臣名と石高が列記されている。帳末にはその石高が集計されており、「都合高米八千七百拾五石　切米千六百八十石」とある。内容はこの石高に応じて賦課された軍役内容を明記したものである。九〇三人の軍役内容であって、『早稲田大学図書館文書目録』第一集。藤野保『幕藩体制史の研究』。

六〇　下総国山崎村年貢割付状（続紙）
早稲田大学所蔵・滝川収集文書

卯年山崎村(1)御年貢可納割付之事

上田(3)拾町九反廿四歩　此わけ
九町五反廿四歩　此取四拾七石五斗四升　五斗取(4)
壱町四反五畝歩　此取七石五斗五升　壱斗取

中田拾壱町七反八畝三歩
　此取壱石四斗五升
　　九町八反八畝三歩　　此わけ
　壱町九反歩　　此取三拾九石五斗弐升四合
　　　　　　　　　　　　　壱斗取
　　　　　　　　　　　　　　　　四斗取
　下田三拾七町八反拾壱歩　　此取八拾壱石也
　　　　　　　　　　　　　壱斗取
　　残弐拾八町八反八畝廿壱歩　内壱町廿歩　寅発
　　　　　　　　　　　　　　　　四町九反歩　付荒
　　此取八拾六石六斗六升壱合　　　　　　　三斗取
　内四町歩　　此取四石也
　　　　　　　　　　　　　壱斗取
　上畠九町五反四畝拾七歩　此取八貫百拾四文
　　　　　　　　　　　　　　八拾五文取
　中畠拾弐町七反五百拾八歩　此取九貫五百八拾弐文
　　　　　　　　　　　　　　七拾五文取
　下畠弐拾町三反四畝拾壱歩　内拾五歩寅発
　　残弐拾町三反三畝廿六歩　　六拾五文取
　　此取拾三貫弐百拾文
　屋敷三町八反八畝弐拾歩　　此取拾三貫八百弐拾壱文
　　　　　　　　　　　　　　百文取
　　米合百八拾壱石七升五合
　　永合三拾四貫七百九拾七文
　右如此相定上者、霜月廿日を切而、可致
　皆済、若其過於無沙汰者、譴責
　以可申付者也、仍如件、
　　慶安四年卯
　　　九月廿八日　伊半十○（唐獅子黒印）
　　　　　　　　　　　　　　　（黒印）
　　　　　　　名主百姓中

（以下、紙面裏の三六名の署名・黒印省略）

（1）下総国葛飾郡山崎村。現在の野田市。（2）翌年の年貢高を割当てる。（3）田畑の地目を上・中・下・下々の四等級にわけた。（4）石盛り、一石についての年貢取り高を定めたもの。（5）畑地と屋敷地は銭で徴収した。（6）完済。（7）けんせき。あやまちを責めること。（8）伊奈半十郎、幕府天領の代官。（9）惣百姓の請け連印は珍しい。

【解説】本状は下総国山崎村宛の慶安四年（一六五一）九月二十八日付けの年貢割付状である。村高は一一一五石余であり、領主は旗本一色氏である。以下連年のものが四五通現存している。その年の秋の村の収穫高を検査して地目別に石盛を決めて割付けた書付け。代官所を定め、翌年の年貢高を村方に渡す。これが皆納されると「年貢皆済状」が出される。検査は検見法といって、村役人との相対で確定させる。『早稲田大学図書館文書目録』第四集。『野田市史』。

六一　江戸幕府老中連署状（折紙二紙）

早稲田大学所蔵・最教院文書

尚以、毘沙門堂跡江茂、
此趣可被申候、已上、

去廿三日午刻、従
禁中御台所③
出来、御殿不残令
焼失之由、注進有之候、
日光御門跡被聞食
驚可被思召候、雖然
天子・院御所江
行幸、三種之神器⑦
無恙並御記録入候
御文庫者相残、殊
仙洞・新院御所
女院御所御殿御無事、
此段目出度奉存候、
右之趣日光御門跡江
宜有洩達候、恐々
頓首、

（承応二年）
六月廿七日　松平伊豆守　信綱（花押）
　　　　　　松平和泉守　乗寿（花押）
　　　　　　阿部豊後守　忠秋（花押）
　　　　　　板倉周防守　重宗（花押）

酒井讃岐守　忠勝⑩（花押）

雲蓋院⑪

最教院

寒松院

浄教坊

（1）最教院は上野寛永寺の子院で、本文書は幕府老中酒井忠勝の書状を中心に三一通が一巻にまとめられている。（2）京都山科にある延暦寺別院の門跡寺院で、日光輪王寺の兼帯。（3）朝廷の台所。（4）日光山輪王寺門跡の尊教親王。（5）後光明天皇。（6）後水尾院のしるしとされる八咫の鏡・草薙剣・八坂瓊勾玉。（7）天皇位のしるしとされる八咫の鏡・草薙剣・八坂瓊勾玉。（8）後水尾院の御所。（9）山梨忍藩主。老中。（10）阿部忠秋。一六〇二～七五。（11）最教院と同じく寛永寺の子院。酒井忠勝。一五八七～一六六二。越前小浜藩主。大老。

【解説】承応二年（一六五三）六月二十三日、京都御所で火災があった。日光山門跡も驚いたので幕府に注進した。天皇は院御所へ移り、三種の神器も無事で、記録入れの文庫や院御所ほかも無事だったことが分かったので、このことを改めて日光山門跡や毘沙門堂門跡に伝えるよう指令したもの。『徳川実紀』。

六二　甲斐国小林村宗門改帳（竪帳一冊）
　　　　早稲田大学所蔵・安藤家文書

（前略）
一、西郡筋小林村禅宗南明寺旦那①　　　　　　　　　　　　　　　　　　　　　　　　　勘右ヱ門②（香炉印）④
　　（儀以下同）③
一、勘右ヱ門義代々当村生之者ニ而、御百姓仕罷有候、
　　　　　　　　　　　　　　　　　　　　　勘右ヱ門○
　　　　　　　　　　　　　　　　　　　　　年三拾四歳
一、女房義西郡筋鏡中条村七兵衛娘
　　夫と同宗当村正福院旦那（楕円印）
　　　　　　　　　　　　　　　　　　　　　同人女房
　　　　　　　　　　　　　　　　　　　　　年三拾四歳
一、勘右ヱ門弟喜十義兄ニ掛り罷有候、
　　　　　　　　　　　　　　　　　　　　　喜十郎○
　　　　　　　　　　　　　　　　　　　　　年廿三歳
一、太兵衛儀代々当村生之者ニ而、御百姓仕罷有候、
　　西郡筋小林村禅宗南明寺旦那（香炉印）
　　　　　　　　　　　　　　　　　　　　　太兵衛○
　　　　　　　　　　　　　　　　　　　　　年四拾七歳
一、女房義西郡筋戸田村法花宗実成寺旦那（楕円印）
　　西郡筋小林村禅宗南明寺娘
　　　　　　　　　　　　　　　　　　　　　同人女房
　　　　　　　　　　　　　　　　　　　　　年廿五歳
一、久右門義代々当村生之者ニ而、御百姓仕罷有候、
　　　　　　　　　　　　　　　　　　　　　久右ヱ門○
　　　　　　　　　　　　　　　　　　　　　年廿九歳
（後略）

（1）甲斐国は近世に郡を補完する地域割りとして川筋によって九筋に分けられていた。（2）山梨県増穂町小林。（3）曹洞宗常法檀林の一つ南明寺。正慶二年（一三三三）創建。開山明峰素哲。（4）農民は画一化した円・方印を黒印で使用していたが、寺社には図形印など多様な形が許されていた。（5）山梨県若草町鏡中条。（6）寺請証文により師檀関係を結んでいた。

【解説】江戸幕府はキリシタン禁圧を強める経過の中で、住民統制のために強制的に特定の寺院と檀家関係を結ばせた。寛永十一年（一六三四）頃からは、その関係を村役人に命じて「宗門人別改帳」にまとめさせ、住民の戸籍台帳の役割を担わせた。宗旨人別帳・宗門改帳ともいわれ、寛文五年（一六六五）の寺請制度の確立に伴って、全国的なものとなった。順次に更新されており、戸主以下奉公人に至るまで、年齢・続柄・所属寺院名が記されている。本帳は甲斐国巨摩郡小林村の寛文六年のもので、初期のため簡略な形式であるが、以後に継承されていく。『早稲田大学図書館文書目録』第六集。『増穂町誌』。

六三　美濃国下西郷村検地帳（竪帳袋綴一冊）
　　　　早稲田大学所蔵・小島家文書

（前略）
下田　拾六間①　壱反四歩　　吉右衛門尉②
下田　弐間半　　　　　　　　吉右衛門尉
下田　九間　　　拾八歩　　　惣三郎
下田　六間　　　拾五歩　　　平十郎
教西前　弐拾壱間　弐畝弐拾四歩　善応寺
中田　四間　　　弐拾七歩　　武兵衛
中田　六間こすき　　　　　　　
中田　二間半　　拾歩　　　　才兵衛
中田　六間　　　四畝弐拾四歩　佐兵衛
中田　弐間半　　三歩　　　　加右衛門
中田　五間半　　拾壱歩　　　吉右衛門
中田　拾間　　　五畝弐拾五歩　同人
中田　拾七間半　　　　　　　
（下略）

（1）田畑ともに生産高に応じて上・中・下・下々の等級をつけた。（2）田畑所有者。本百姓。（3）田地の縦と横。（4）小字。

【解説】検地帳は田畑・屋敷地の面積と所有者を確定させるために領主側で作成したものである。戦国大名から太閤検地をへて、幕藩体制下の土地台帳となった。村ごとに案内人を立てて間竿で打量し、在所・等級・面積・所有者を書き上げた。この時期の領主は戸田氏で、村高は三〇〇石余である。帳末に田方と石高の集計があり、検地役人として長谷川三之丞ほか四名と、棹取り四名の名がみえる。担当役人が署名捺印した後、最後にその田畑・屋敷別の集計を明記した。巻末に調査年月日を記して、村下西郷村（大垣市小西郷）の延宝八年（一六八〇）八月実施のもので、二冊のうちの田方帳の一部であり、同村庄屋を勤めた小島家で所蔵していた。下西郷は加納領であり、幕藩体制下の土地台帳となった。『新修大垣市史』近世編。『早稲田大学図書館文書目録』第二集。

六四　人身売買禁止高札（木札拓本）

早稲田大学所蔵・荻野氏資料

　　　定
人売買弥堅令禁止之、
召使之下人男女共二年季
十ヶ年を限るといへとも、
向後年季之限過之譜代于
召抱在之、可為相対次第之間、
可存其旨者也、仍如件、
　元禄十二年三月日
　　　　　　　　　奉行

（1）人身売買。（2）いよいよ。（3）げにん。奉公人。（4）奉公人契約で期限を定めること。（5）こうご。今後。（6）半奴隷。（7）あいたいしだい。当事者の談合。（8）町奉行。

【解説】江戸幕府は都市や農村の疲弊に伴う人身売買の禁止を繰り返し発令している。藩領においてもそれを受けてこうした木製の高札を町中に掲げている。この高札はどこのものか特定できないが、上部の釘穴でも明らかなように、実際に高札場に掲げたものである。元禄十二年（一六九九）三月のこの禁令では奉公契約は年季十年を限ることと、それを超えた場合は相手との談合によることを定めている。本書は原物からの拓本であり、風化によって文字部分が浮き上ったものである。『徳川禁令考』。

六五　伊達吉村朱印状（領地安堵）（竪紙）

早稲田大学図書館所蔵

磐井郡東山猿沢之内、並所々都合
拾五貫百弐拾九文別紙目録在、全可領知者也、
仍如件、
　宝永元年六月日　　［伊達吉村朱印］
　　　　　　　白石甚之助とのへ

（1）現在の岩手県東山町。（2）まったく。すべて。（3）もう一通の所領明細書。（4）仙台藩伊達家第五代当主。一六八〇〜一七五一。伊達宗房の長男で四代綱村の養子。（5）特大な印文未詳の陰刻朱印。（6）伊達藩士。白石氏は陸奥国に白石の地名が多く、それぞれの地を発祥とする氏族が多く、特定はむずかしい。実名未詳。

【解説】本書は伊達藩主の吉村が、宝永元年（一七〇四）六月に藩士の白石甚之助に与えた知行安堵の朱印状である。その知行地は磐井郡東山猿沢の一部の一五貫余であり、目録は別紙の目録を添えるとしている。目録は現存していないが、禄高からみて下級の藩士である。吉村への代替りに伴う安堵状である。『伊達家治家記録』。『宮城県史』近世編。

六六　伊勢国小岐須村新田畑名寄帳（竪帳二冊）

早稲田大学所蔵・原家文書

（前略）

　　　　　但シ本高川成之内
桐ヶ窪
新田壱畝九ト（歩、以下同）　　　　　　権三郎○
　　　　　但シ本高川成之内
同所
新田壱畝弐拾四ト　「桃林寺（3）（付箋、以下同）
　　　「但一回引分
　　　名寄ニ引」　　　　　　　　　　　桃林寺□（8）
　　　　　但シ本高川成之内
久保
新田五畝拾弐ト　「内五畝三十
　　　　川成
　　　　十五ト
　　　　但一回引分
　　　　遍照寺」　　　　　　　遍照寺（9）（黒印）
　　　　　但シ本高川成之内
同所
新田壱畝拾四ト　　　　　　　　　　　　　　
　　　　　内四畝拾五ト　　川成
但シ本高川成之内
新田弐拾壱ト　「内六ト
　　　川成
　　　十五ト
　　　徳八
　　　一回引分」　　　　　　　彦四郎○

同所　新田弐拾四ト「佐吉一回引分」　徳右衛門○
但シ本高川成之内

（後略）

(1)本来の検地帳登録高。(2)その後の再調査で貼り紙に新しい所有者名を記入したもの。(3)小字。(4)本田に対する新開発田。(5)農民。(6)河川氾濫地。(7)その後の一回分の変化。(8)土地所有者。(9)寺院の印章は大きく形象化されており、宗門手形にも用いられた。

【解説】本帳は伊勢国鈴鹿郡小岐須村(三重県鈴鹿市小岐須)の名寄帳である。二冊めの表紙には「寛永拾四丁丑田方御検地水帳写、当時名寄帳成起返り之訳書上ヶ候、享保弐拾年卯ノ三月小岐須村」とあるから、寛永十四年(一六三七)の検地帳を名前別に増加した新田分を補充したものである。名寄帳は検地帳をもとに、田畑などの土地を所有者別にまとめ直したものであって、村方で作成して役所に提出したものである。役所はこれを元に年貢ほかの税の割付を行った。『鈴鹿市史』『早稲田大学図書館文書目録』第四集。

六七　長兵衛離縁状（切紙）

早稲田大学所蔵・滝川収集文書

一札(1)

一、おのふ義我等妻ニ罷在候処、此度不縁ニ附、暇遣シ候処実正也、然ル上ハ此後何方へ縁附被成候而も、一言之申分無之候、暇一札仍而如件、

文化二年丑七月日　長兵衛○(黒印)(7)

おのふ殿

(1)いっさつ。証文の意。(2)長兵衛の妻。(3)とまつかわし。離縁。(4)じっしょう。間違いないこと。(5)もうしぶん。異議。(6)京都高辻町の塗師。姓未詳。(7)庶民は黒印しか使用できなかった。

【解説】本書は国学院大学教授の故滝川政次郎氏が収集したもの一通で法制史学者の故滝川政次郎氏によると、もと京都塗師町の職人の家に所蔵されていたものであって、江戸期の典型的な離縁状である。文化二年(一八〇五)七月、長兵衛が妻おのぶを離縁した時のものであり、本文を三行半で書くことが定められていたので、三くだり半との通称が生じ

た。妻側からの離婚請求の場合もこの形式をとった。穂積重遠『離縁状と縁切寺』。

六八　人別送り状（竪紙）

早稲田大学所蔵・成内家文書

差上申一札之事(1)

平岡三之丞知行所

宇津野村

百姓　半右衛門(3)

妻　しやう　寅廿三歳

倅　吉太郎　同二歳

右半右衛門義(儀、以下同)、壱軒前慥成者ニ候へとも、極貧ニ付、為相続之其御地江罷出、南横町湊屋弥助殿世話を(5)以、貴殿店御配家内ニ借家仕、農業渡世並商ひ仕(6)居候処、今般人別送り差上可申之処、老衰之母(7)壱人有之、独り暮痛敷存候間、幸ニ帰村為仕、然ル処当人無程急之(8)帰村可仕度、行届兼候旨ニ付、達而無心申入候様、右取之義、帰村月延之段、是迄通リニ而被差置可被下候様、人別送り不差上、(9)是迄通リニ而被差置可被下候様、人別送り奉頼上候、為後日仍而一札如件、

天保十三寅年　五月

八王子横山宿(11)

御名主

市郎右衛門殿(12)

右村(10)

名主　四郎兵衛○(黒印)

【解説】本状は八王子の甲州街道横山宿の問屋・名主を勤めた成内家伝来の約五〇〇点のうち、移動に伴って各地から同形式のものが二六〇余通まとまって残っている。現住地の名主が移転先の名主に保証人となって出したものであって、この場合天保十三年(一八四二)五月、宇津野村の百姓半右衛門一家三人が横山宿に借家移住していたが、母が

(1)証文。(2)旗本。(3)不明。(4)たしかなる。(5)八王子。(6)店子。(7)居住移動証明。(8)つきのべ。(9)庶民。(10)宇津野村。(11)八王子市横山町。(12)名主兼問屋成内家。

老衰のため一時帰村しており、その手続きが遅れているが容赦願いたいとの通知である。『八王子市史』ほか。

六九　上野国下久方村五人組帳前書（竪帳一冊）

早稲田大学所蔵・滝川収集文書

（前略）

従先規被仰出候御法度之鉄砲無油断吟味可仕候、(3)
村中ニ一挺も無御座候、若シ隠置所持仕候者御座候ハヽ、五人組仲間ニ而吟味可仕候、(5)
右之条々、名主組頭大小百姓借家等ニ至迄承り、一々聞届吟味仕、五人組帳相改、若シ右之趣少茂違背仕候者者、何分茂可被仰付候、其節ニ至り一言之儀申上間敷候、為後日五人組帳連印如斯ニ御座候　以上、

一、他所より風与参候浪人体、ひらき抔与常々(1)
無油断吟味可仕候、(3)

(1)ふと。(2)などと。(3)調べる。(4)幕府法令の連帯を組織化したもの。寛永末期には全国的に成立している。(6)村方三役の一つ。(7)五人ずつの組分けを示した帳面。各自の請印がある。その帳面前半には幕府法令が書写されており、その部分を前書という。(8)かくのごとくに。

[解説]　上野国山田郡下久方村（現桐生市下久方）の慶応二年（一八六六）の五人組帳の前書部分の最後の条項。浪人やご禁制の鉄砲を隠していないことを誓約した内容。最後に「慶応二年四月」下久方村組頭辰右衛門」ほか村役人が連名連印し、宛名は「地頭所御役所」としている。地頭はこの村の知行主、野村兼太郎『五人組帳の研究』第四集。

七〇　甲斐国上笹尾村小前訴状（続紙）

早稲田大学所蔵・甲州関係文書

午恐以書付奉願上候
　　　　赤松孫太郎支配所(1)
　　　　　甲州巨摩郡(2)
　　　　　　上笹尾村(3)
　　　　　　　小前四拾七人惣代
　　　　　　　　　百姓　喜三郎

入役故障願 願人(4)
　　　　　　　　　　　　　仁左衛門
　　〃　　　　　　　　　　弥五右衛門
　　〃　　　　　　　　　　与市右衛門
　　〃　　　　　　　　　　喜　七
相手方
　右村
　　　　名主　　　　　　佐兵衛
　　〃　　長百姓　　　　勘太夫
　　〃　　　　　　　　　栄左衛門

右者小前四拾七人惣代百姓六郎左衛門外壱人奉申上候、当村之義村役人共ニ付、新規長百姓相立て候様、役人共より小前一同江相談有之候ニ付、去々寅之八月中相談仕候処、区々ニ而不行届、去卯正月ニ相成、新規役人之者三人相極可申旨、漸々相談相整五人組壱組江札三枚宛相渡、右札壱枚毎ニ名前押切印形仕相渡シ、同二月晦日百姓代並小前一同立会之上、名主宅ニおいて開札仕候処、組合拾六組ニ而壱組三枚宛外ニ役人共一同ニ而三枚之入札、都合札数五拾壱枚之処彦左衛門江拾五枚郷右衛門江九枚幸右衛門江八枚兵左衛門江八枚浜右衛門江彦左衛門兵左衛門浜左衛門、外ニ飛札三人有之候処、彦左衛門兵左衛門順ニ而高札壱枚宛(9)三人江之高札を尤ニ存候得共郷右衛門重右衛門

（以下省略）

(1)甲府代官所役人。(2)現山梨県北巨摩郡小淵沢村上笹尾。(3)水呑百姓。(4)入札。(5)慶応二年。(6)入札の紙。(7)証明印鑑を押したもの。(8)入会地組合。(9)無効札。

[解説]　本状は甲斐国上笹尾村（小淵沢町）の慶応四年（一八六八）八月三日付けの百姓訴状である。名主の入札選挙に際して不正があったという代官所への訴えであり、村方騒動の一つの典型である。この場合、この選挙を取り仕切った村役人が訴えられている。因みに慶応四年は九月八日に改元されて明治元年となっている。『早稲田大学図書館文書目録』第四集。『小淵沢町誌』。

文書様式用語索引

あ 行

安堵状……26
移………1
一字書出……18
一札………27
異筆………3
印鑑………28
院宣……6,13,15,18
院庁下文……6
印判状……21
請印………28
受取状………4
請文……3,11,13
薄墨紙……13
黄紙………13
大高檀紙……21,23
置文……12,17
奥書………4
押紙………7
押切印形……28

か 行

戒牒……6,7,13
家印……17,18,20,21
加冠状……18
書き止め……11
過所………17
仮名文書……12
感状………19
関東下知状……10,11
関東御教書……10,14
官符………8
願文………22
祈願文……22
起請文……13,21
寄進状……8,16,21
木札……14,26
交名………9,14
挙状………13
切封………17
禁制……14,17,28
具書………10
口宣案……13
下文……6,10,14
軍勢催促状……14
軍忠状……14,15
軍役帳……23
解………2,4,5
啓………10,15
外印………8
解状……2,4,9
外題……4,14,15
下知状……10,11,13,16,17
血判………21
検地帳……25,27
検地水帳……27
券文……2,3,5
見来帳………1
高札……20,26,28
香炉印……25

さ 行

牛王宝印……21
沽却状……12
黒印……17,23,24〜27
黒印状……23
国司牒………2
国司庁宣………5
国判………2
五人組帳……28
御判御教書……16,17

裁許状……20
左京之印………1
三綱牒………3
辞………3
直書………22
直状………16
自署……2,3,6,8
辞状………2
自筆……2,14〜16,22
朱印……20〜23,26
手印……17,18
朱印状……20,23,26
宗旨人別帳……25
愁状………4
宗門改帳……25
宗門手形……27
宗門人別改帳……25
宿紙……13,15,18
遵行状……15
掌印………18
庄券………3
上所………18

尚書………13
上申……2,5
詔勅………8
証判………15
署判……2,5,11,17
証文……20,25,27
書札………7
書状……16,22,25
杉原紙……21,25
墨引………17
成巻文書………4
制札………20
誓詞……21,22
関市令………1
施行状……9,14
宣……5,6,8,9,13
宣旨………9
先判………4
疏………7
奏状………8
相博状……5,10
草名………4
添状………22
訴状……1,28
訴陳状……10,11
袖判………16

た 行

太政官印……8,13
太政官牒………8
太政官符……8,13
檀紙……21,22
着到軍忠状……15

注進状……………………11	端裏書…………12,13,18	立願之状…………………22
注　文………4,7,10,11	端　書……………………14	令　旨……………………7
牒……………2,3,8,13	法　度……………………21	綸　旨…………13,14,18
庁　宣……………………5,6	判　行……………………4	連　印…………………24,28
勅………………5,8,9,13	判　物……………………19	連　判……………………22
勅　旨……………………18	符…………………5,8	老中連署状………………24
散し書……………………12	附　箋……………………6	
陳　状…………10,11,13	補任状……………………17	**わ　行**
鎮西探題下知状…………13	返　抄……………………3,4	和与状…………………11,12
陳　牒……………………2	奉　書………7,14,15,16,18	
追　筆………3,4,7,14	墨　書……………………13	
手　形………19,20,27	反古紙……………………13	
手継文書…………………12	本公験……………………5	
寺請証文…………………25	**ま　行**	
伝　宣……………………9	麻　紙……………………13	
天皇御璽…………………5,8	御教書………4,10,15,16	
天皇文書…………………18	詔…………………8	
伝馬印……………………20	名字状……………………18	
伝馬手形…………………19	民部省符…………………5	
度　縁……………………13	目　安……………………20	
土地台帳…………………26	申　状……………………10	
度　牒……………………13	申　文……………………4,18	
取　帳……………………11	目　録…………………11,26	
な　行	**や　行**	
内　印……………………5,8	遺言状……………………17	
名寄帳……………………26	譲　状……………………14	
人別送り状………………27	**ら　行**	
年貢皆済状………………24	礼　紙…………………12,17	
年貢割付帳……………23,24	離縁状……………………27	
は　行	立　券……………………1,2,6	
売　券…………12,17,18		

あとがき

何とか三校までを終えてところまで漕ぎ着けた。当初に予定した図版で所蔵者の都合等により利用できないものがいくつか生じてしまい、この種のテキスト作成の難しさを痛感させられた。結果的には早稲田大学図書館特別資料室で所蔵している荻野三七彦先生収集文書に多くを頼ることとなったが、この部分については、すでにその全文紹介が『早稲田大学所蔵荻野研究室収集文書』二冊（一九八〇年、吉川弘文館刊）として刊行されているし、その後、全点の影印版も『早稲田大学蔵資料影印叢書』一四～一六巻（古文書集一～三、一九八六年、早稲田大学出版部刊）として紹介されている。この中には荻野氏収集文書の他にも図書館が長年にわたって収集してきた文書群も収録されており、本書で利用させていただいた重要文化財の「東大寺薬師院文書」も含まれている。両書ともに、本書で利用させていただいたものとの関連文書も多く収録されており、併せてご利用いただくことを望む次第である。

近世文書に関しても同館には早くから購入したものや、多方面から寄贈された大量のものがあり、それらの全貌も『早稲田大学図書館文書目録』第一～七集（一九七三～二〇〇三年、早稲田大学図書館刊）として目録化されている。これらのすべてに関しての閲覧体制も整い、その原本についても事前に所定の手続きをふみさえすれば閲覧できるような状況となっている。古文書の演習としては、最終的には原本の観察にまで至って欲しいとの願いから、敢えて同館所蔵のものを多く利用させていただいた次第である。なお個々の文書群についての簡単な説明は、かつて『早稲田文庫の古文書解題』（一九九八年、岩田書院刊）としてまとめたものがあるので、併せて参照していただければ幸いである。

さらに本書の不備を補うものとして、一層、古文書や古文書学に関心を深めていただく場合の参考書を紹介しておくと、まず古典的なものとしては、伊木寿一『増訂 日本古文書学』（一九七六年、雄山閣刊）がある。古文書の形態を中心に概論を述べたものであり、入門書としては手ごろかと思われる。日本歴史学会編『概説 古文書学』二冊（古代中世編・近世編、一九八九年、吉川弘文館刊）は、文書様式別にその特徴を概説したものであり、やはり入門書としては手ごろと思われる。やや専門的になるが、佐藤進一『新版 古文書学入門』（一九九七年、法政大学出版局刊）は、様式論を中心に具体例をあげながらその機能にまで言及したものであり、図版も多く示されている。

近世文書に関してはまだ概説書は少ないが、地方史研究協議会編『近世地方史研究入門』（一九五五年、岩波書店刊）が簡便である。いわゆる近世地方文書を中心の解説であるが、関連様式が網羅されている。ただし支配者側文書の様式例は少なく、それらについては前出の『概説 古文書学』（近世編）が適切かと思われる。

最後に、本書では頁数の関係でその例示を省略せざるをえなかったが、実際に古文書を解読していく場合の辞書類であるが、まず仮名文字を読む場合の変体仮名については、別冊で各種の変体仮名表が刊行されているし、前述した各種の参考書の巻末にも主なものが掲載されているので参照してほしい。同じように正字にはない異体文字も、その主なものが各種まとめられているに関しても、別個に各種の字典が刊行されているので、各自が使い易いと思ったものをまたくずし字自体の読み方に関しても、別個に各種の字典が刊行されているので、各自が使い易いと思ったものを一冊用意すればよいと思われる。

よいかと思う。

さらに文書の内容にまで踏み込んでその背景を理解しようとする場合、人名・地名・歴史用語の正確な理解が前提となる。その場合にも各種ある辞典でそれらを調べる必要がある。本書でもそうした労力を省くために、可能なかぎりでの注記を施したが、なお調査不充分な部分も残ってしまった。継続してそうした部分の調査をしていただければ幸いである。

一つの文書は限りなく大きな背景を持っている。それをどこまで読み砕いていくかは、読む人の熱意と力量にかかっている。同じ文書を読んでも全く正反対な解釈や評価が出てくることも稀ではない。そうしたところに文書を解読していく楽しみがあるかと思われる。

二〇〇三年三月吉日

柴辻　俊六

柴辻　俊六
1941年生れ。早稲田大学講師。
『戦国期武田氏領の展開』（岩田書院）ほか。

海老澤　衷（ただし）
1948年生れ。早稲田大学教授。
『荘園公領制と中世村落』（校倉書房）ほか。

本郷　和人
1960年生れ。東京大学史料編纂所助教授。
『中世朝廷訴訟の研究』（東京大学出版会）ほか。

平成十五年四月十日　第一刷発行

古文書演習

定価　本体二、〇〇〇円（税別）

編者　柴辻　俊六
　　　海老澤　衷
　　　本郷　和人

発行者　太田　史

印刷所　平文社
東京都豊島区南大塚二―三五―七

発行所　続群書類従完成会
東京都豊島区北大塚一―一四―六
電話〇三（三九一五）五六二一
振替口座〇〇一二〇―三―六二六〇七

ISBN4-7971-1517-3